打动客户就成交

王选民 著

图书在版编目(CIP)数据

打动客户就成交 / 王选民著. -- 北京：中华工商联合出版社，2024.8. -- ISBN 978-7-5158-4061-1

Ⅰ.F713.55

中国国家版本馆CIP数据核字第2024AN1924号

打动客户就成交

作　　者：	王选民
出 品 人：	刘　刚
责任编辑：	李　瑛
装帧设计：	水京方设计
责任审读：	付德华
责任印制：	陈德松
出版发行：	中华工商联合出版社有限责任公司
印　　刷：	三河市宏盛印务有限公司
版　　次：	2024年10月第1版
印　　次：	2024年10月第1次印刷
开　　本：	710mm×1020mm　1/16
字　　数：	180千字
印　　张：	14.25
书　　号：	ISBN 978-7-5158-4061-1
定　　价：	58.00元

服务热线：010－58301130－0（前台）
销售热线：010－58302977（网店部）
　　　　　010－58302166（门店部）
　　　　　010－58302837（馆配部、新媒体部）
　　　　　010－58302813（团购部）
地址邮编：北京市西城区西环广场A座
　　　　　19－20层，100044
http://www.chgslcbs.cn
投稿热线：010－58302907（总编室）
投稿邮箱：1621239583@qq.com

工商联版图书
版权所有　侵权必究

凡本社图书出现印装质量问题，请与印务部联系。
联系电话：010－58302915

PREFACE

优秀的销售员，某种意义上是一个伟大的心理学家、谈判专家和闺中密友。

因为需要洞察客户的心理并作出聪明的反馈，所以要懂得心理学；因为要掌握灵活自如的沟通话术，所以要修炼谈判技能；因为要能和客户一见如故，打消客户对自己的戒备心，所以要具备成为对方好友的潜质。如此看来，一个销售需要学习和掌握的技能非常之多，因为它是有关人心、人性和人际关系的学问。

现在，很多企业都面临着残酷的市场竞争，绝大部分市场正在从卖方市场转为买方市场，这也意味着由消费者主导的营销时代来临，既然消费者面对更复杂的商品和品牌选择，所以如何引起他们的购买兴趣至关重要。过去，拉拢客户、吸引消费者或许只靠几句套磁话就能办到，然而现在进入消费升级时代，消费者对产品体验的要求，对质量的要求，以及对品牌的黏着度都和过去大不相同，他们也了解有关销售的种种小伎俩，所以会本能地抵触销售人员的营销说辞，而是尽量用自己的判断力去甄别商品的好坏。

既然销售的难度有所增加，销售员就要学会换位思考，站在客户的角度思考他们需要什么，他们的心理特点是怎样的，他们存在着哪些"软肋"……只有摸透客户的心思，才能用准确简练的语言快速地谈成一笔生意。销售活动中，谁能洞悉对方的真实想法，谁就占据了主动；谁能打消对方顾虑，谁就占据了上风；谁能引起对方的好奇，谁就抢了先机；谁能抓住对方的弱点，谁就稳操胜券！

一个不善于揣摩客户心思的销售，很可能会败在想当然的主观想法上。切记，销售从来不是和金钱打交道，也不是和商品打交道，而是和人心打交道。有人认为销售只是会耍嘴皮子，其实这仅仅是综合素质中的一项，一个只会说却不会观察、不会倾听、不会揣摩的销售，即使说出再动听的词汇，也说不到客户的心里。

本书深入浅出地讲述各种实用的销售心理策略，同时结合各种生动鲜活的销售案例和小故事进行说明，让每个销售员都能了解客户在销售活动中的心理规律和外在表现，从而百战百胜，成为金牌销售。

CONTENTS

目 录

第一章 打好基础，自我提升

1. 想做好销售必须懂点心理学 / 002
2. 心态决定命运 / 005
3. 吸引力法则 / 009
4. 教育背景影响客户风格 / 012
5. 不同年龄段的客户心理 / 015
6. 男性客户和女性客户的差别 / 018
7. 贪心是销售的大忌 / 021

第二章 销售员必懂的7条心理定律

1. 哈默定律：天下没有坏买卖 / 026
2. 伯内特定律：占领客户的头脑才能占领市场 / 029
3. 250定律：客户的影响力超出想象 / 032
4. 二八定律：抓住大客户是关键 / 035
5. 跨栏定律：困难越大越易激发潜力 / 039
6. 斯通定律：将心比心，以情换情 / 042
7. 奥新顿法则：必须抓住客户的心 / 045

 ## 第三章　7种常见的消费心理

1. 至尊心理：我是顾客，我就是上帝 / 050
2. 从众心理：大家都有的我也要有 / 053
3. 猎奇心理：我要走在潮流前沿 / 057
4. 戒备心理：我才不信你们做销售的 / 061
5. 盲目心理：名人说的都是对的 / 064
6. 趋利心理：只要占了便宜就行 / 067
7. 逆反心理：越不让我买，我越要买 / 070

 ## 第四章　读懂客户，让销售事半功倍

1. 学会正确地鉴别客户 / 076
2. 学会察言观色 / 080
3. 言谈举止能传递特殊信息 / 083
4. 从字迹上看性格 / 086
5. 解码客户的小动作 / 092
6. 语言和声音能透露客户性格 / 096
7. 学会倾听客户的潜台词 / 101

 ## 第五章　展现亲和力，让交谈变得更容易

1. 及时抓住客户心理 / 106
2. 对客户表示认同 / 109

3. 抓住客户的兴趣所在 / 113

4. 假设自己是客户 / 117

5. 多用"我们"少用"我" / 121

6. 适当赞美客户 / 125

第六章 面对不同类型的客户

1. 果断型客户喜欢简明扼要地交流 / 130

2. 保守型客户喜欢严谨的逻辑 / 133

3. 冲动型客户有强烈的占有欲 / 136

4. 傲慢型客户渴望极高的尊重 / 139

5. 精明型客户最愿意被真诚对待 / 142

6. 挑剔型客户易被完美细节征服 / 146

7. 寡言型客户需要引导性的提问 / 149

8. 强势型客户喜欢享受征服感 / 152

第七章 一句话能抵千言万语的说服方法

1. 像对待朋友一样对待客户 / 158

2. 客户的犹豫说明还有机会 / 161

3. 说服客户认可价格 / 164

4. 说服客户相信质量 / 167

5. 说服客户功能实用 / 170

6. 说服客户时切忌说的7句话 / 173

 第八章 让自己和客户站在一起

1. 声东击西掩饰真正目标 / 178
2. 用幽默拉近距离 / 181
3. 适时地使用激将法 / 184
4. 引导客户说"是" / 188
5. 最后一击要出手果断 / 191
6. 让客户感觉获得实惠 / 194

 第九章 用战略赢得客户

1. 给讨价还价多留一些余地 / 200
2. 在交手过程中摸清对方的底牌 / 203
3. 绝不亮出自己的底牌 / 206
4. 听懂抱怨的弦外之音 / 208
5. 让客户感觉这是个机会 / 212
6. 让自己看起来很专业 / 215

第一章

打好基础，自我提升

1. 想做好销售必须懂点心理学

2. 心态决定命运

3. 吸引力法则

4. 教育背景影响客户风格

5. 不同年龄段的客户心理

6. 男性客户和女性客户的差别

7. 贪心是销售的大忌

1. 想做好销售必须懂点心理学

如果你是一名销售，可能会有这样的经历：明明口若悬河说了半天，然而客户却扭头而去；明明很努力地去四处拉客户，业绩却总也上不去。或许，这种"明明"的句式可以造出无数个，那么现在告诉你，你可能不是输在不会说话或者不够努力上，而是不懂得心理学中一个重要的分支——销售心理学。

销售心理学是什么？它是侧重研究消费者心理的一般活动和购买行为时的心理状况，此外还包括如何与消费者沟通的技巧。懂得了销售心理学，才有能力去摸清消费者的行为和心理规律，才能消灭让你尴尬的"明明"情况。

具体来说，学好销售心理学有三个作用：

第一，提高营销业绩。

销售心理学研究的不仅仅是消费者的需求，更在于如何与消费者进行有效的互动和沟通，从而达到心理层面的共鸣，化解消费者的戒备心理，改善销售和消费者、企业和客户之间的关系，建立黏度较强的长期关系，打造好口碑的品牌形象。

第二，掌握主动权。

很多时候，成功的销售都是从心理开始的，如果一个销售不能了解消费者的心理和在购买过程中的心理变化，就无法拿出有效的话术、营销策略、宣传手段等。虽然现在是大数据时代，可以对客户进行心理画像，标注年龄、职业、家庭成员等信息，但是真正进行销售的时候，面对的是活生生的人，我们必须要知道消费者在购买时的情绪状态和内心想法，这样才能合理地引导对方，从而掌握销售的主动权。

第三，突破难点。

销售是让消费者拿出钱来，这本身就有一定的难度，所以每一次营销行为都要突破重重障碍。当你掌握了消费心理学的核心技巧之后，就能消除这些不利因素，创造有利的营销环境，让消费者发出对自己有利的积极行为，让不可能成为可能。

成功的销售员一定是一个出色的心理学家。作为销售员不仅仅要掌握专业的产品知识和销售技能，也必须精通销售心理学，正如人们所说：如果你想钓鱼就要懂得鱼的想法。同理，只有先成为消费者的知心好友，才能成为赚钱的生意人。

从销售技巧来看，世界上没有统一的固定技巧，因为不同的行业、不同的客户群体会产生不同的消费环境，但是当你掌握了消费心理学的相关知识之后，就能将销售技巧充分发挥出来，因为人性、人心是有相对稳定性的。

那么，销售心理学都包含什么内容呢？常见的有微表情、读心术、攻心术、暗示术、掌控术、博弈术等，此外还涉及很多心理学效应，比如首因效应、近因效应、刺猬效应、曼狄诺定律等。

微表情心理学

这是一门通过观察消费者的微表情来揣摩对方心理的学问。常言道"知己知彼，百战不殆"，当我们知道消费者在想什么的时候，就能知道采用何种话术去攻坚。需要注意的是，销售不是犯罪学心理分析专家，而微表情看似有很多入门小知识，但是想要准确揣摩对方的心理还是需要一定的经验积累，一味地依赖它反而会误导你。

读心术

严格意义上讲，心理学并没有读心术这种专门的学科分支，它应该是融入了认知心理学、行为心理学、人格心理学等学科中的某些理论和经验，它所读取的目标包括客户的表情、语言、动作、人格特征等，总之，具有很强的专业性，不过对于销售来说并非不能掌握，因为我们只需要从中选取和购物行为有关的心理特征即可。

攻心术

攻心术应该属于话术策略，它指向的大多是人类的某些心理特征，比如如何激励对方、如何赞美对方、如何吊对方的胃口等，这不仅需要学习相关知识，也需要多次的实践才行。不过这并不困难，因为很多攻心术并非只针对消费者，在日常生活中和他人交谈时也会涉及这种知识。

博弈术

博弈术主要是指话术中的说服术，即如何在洞察人心的基础上让对方放弃原有的想法。这往往是和消费者沟通中的最后一环，能够体现出一个销售人员是否有过人之处的技能，当然它需要我们练就准确的观察能力。

众所周知，心理学一直有三个经典的问题：我是谁？我从哪里来？我要到哪里去？其实，这也是销售心理学需要回答的问题。

第一，我是谁？

你是什么类型的销售人员？带给消费者何种印象，这种印象可以增强或者减弱对方的购买心理吗？弄懂这个问题才能帮助你营造良好的销售形象。

第二，我从哪里来？

你销售的产品代表着哪个品牌？该品牌具有哪些特征、是否具有打动消费者的元素？搞清这个问题才能强化你的销售背景，为你增添额外的销售技能。

第三，我要到哪里去？

你面向的客户是哪个群体？这个群体有什么特征？如何在最短的时间内获得他们的信任？了解这个问题才能弄清销售技能的修炼方向。

从根本上讲，人类对了解自己和他人有着本能的渴望，因为我们就生活在人群之中，只要将这种渴望适当转化就能变成学习的动力，让我们在实践中检验、总结已知和未知的销售心理学知识。想要成为优秀的销售员，就要具备足够高的智商和情商，而了解消费者的心理需要智商和情商共同发挥作用——智商负责逻辑分析，情商负责感知情绪，当我们熟练地运用这两种能力之后，我们才能成为消费者的知心密友，即便你有一天离开了销售岗位也会受益终生。

2. 心态决定命运

销售的本质是什么？把商品尽快地销售出去。换句话说，在不违背原则和法律的前提下，采用任何手段都是被允许的。这些方法关联着不同的思维：有客户思维，有产品经理思维，也有通观市场的思维……这些思维又关联着行动力，也就是执行这些思维的动力。动力关联着什么呢？心态。

如果你的心态是自信的、必胜的，那么不管采用何种销售思维，成功的概率都会很大，如果你的心态是动摇的、自卑的，那么再好的销售技能也会缺乏执行力，最终失败。因此，销售的心态和销售的技巧是同等重要的。

那么，什么样的心态才是好的心态呢？热情，充满战斗精神，勤奋，能够忍耐，执着，积极思考……简单地说，销售的好心态，就是让你快速地适应陌生环境，和消费者自然沟通，避免因为紧张而显得不够专业从而丢失客户。只有具备了这些心理特质，一个销售员才能从初出茅庐的新人逐步成长为卓越的销售大师。

根据实际需求，销售应该保证有七种心态：

第一，不能感情用事。

既然做了销售，就要把它当成一项工作和事业去经营，不能掺杂太多的个人感情，因为情绪化会让你失去理性的判断，从而做出错误的决定。有些决定可以弥补和挽回，有些决定则是致命性的。

第二，不要太在意面子。

西楚霸王项羽在乌江自刎，原因是无颜见江东父老。事实上，项羽有东山再起的可能，因为项羽和刘邦之争就是胜少败多，然而垓下一战彻底扭转了被动局面。所以，项羽为何不能效仿呢？只可惜他的性格让其无法接受失败。销售也是如此，如果你觉得低声下气没有面子，那么你的客户很可能会变成对手的客户，所以太在意面子最后吃亏的是自己，而你保住的面子并不能给你带来任何实际收益。

第三，不要计较短暂的得失。

做生意必然有得有失，这是一种常态，即便是再出色的销售员也有拿不下的订单和搞不定的客户，所以过于看重结果，一来给自己施加不必要的压力，二来会影响下一单生意。相对于失去的收益，我们更应该在意的是还没有得到的利益，这样才能保持积极的心态。

第四，习惯换位思考。

有的销售员因为接触过一些难缠的客户，所以会把自己和客户对立起来。其实双方的利益是统一的：客户有对产品的需求，销售员也有卖出产品的需求，而一些矛盾往往出在沟通上，也就是没有平衡好双方的利益或者产生了误解。所以一个合格的销售员不应该总是想着自身利益的最大化，而是要换位思考，这样才能了解客户的需求并正视自己在销售过程中的某些错误。

第五，一视同仁。

常言道，店大欺客。有些销售员的起点较高，销售的是高端产品，所以无形中会产生一种优越感，对待客户是看人下菜碟。其实客户没有大小之分，而且你对人身份的判断未必正确，更何况一个客户所能给你带来的潜在客户资源是很难预测的，如果带着嫌贫爱富的心态对客户挑挑拣拣，那么你不但得不到客户的尊重，还可能造成预想不到的损失。

第六，切莫生气。

既然选择做销售，就要做好面对糟糕状况的心理准备，这不仅是销售的常态，也是人生的常态。所以，任何情况下都不要心生怒气，更不能将这种怒气表达出来，这可能会让我们损失得更多。我们应当时刻怀有乐观的心态，它能够让事情朝着对我们有利的方向发展，让我们在困难中看到希望，在冷静中看到商机。

第七，开心原则。

销售虽然是为生计奔忙的工作，但也能从中找到快乐，当一单生意成交时，意味着你和客户都是彼此不讨厌甚至是相互喜欢的人，这样的成就不仅仅局限于双方的利益，还是一件人生乐事。当你习惯用这种心态去和客户接触时，你们彼此的融洽度会越来越高，成交率也会随之上升。

对于销售员来说，心态永远是第一位的，好的心态会让好的技能有超常发挥，而坏的心态会让好的技能发挥失常。当然，心态并非都是与生俱来的，它需要我们在实践中不断磨炼，这样才能成为心态的主人，对自己的思维和情绪有着强大的掌控力，也就能够在销售活动中占据主动，立于不败之地。

销售工作符合万物法则，会产生积极的循环和消极的循环，而好心态就是产生积极循环的基石，会让你在完成一单之后更加自信，从而提高下一单的成交率，而坏心态则会让我们丧失对自己和客户乃至产品的信心，陷入恶性循环中。所以，无论你是处于何种成长阶段的销售员，都要坚定地锻炼自己去适应环境、客户和市场。

狼群是动物界中狩猎成功率最高的王者，然而它们的成功率也只有10%，但是没有哪个狼群会因为一次、两次甚至多次的失败而气馁，反而会越挫越勇，因为它们记忆的是成功的狩猎经验，这才是推动它们不断出击的原动力。对销售员来说也是如此，最坏的心态就是恐惧，恐惧会让你降低自我评价，也会让你丢失前进的勇气，如果你能正视失败和困难，就能建立好的心态。

好心态能让你从容应付各种恶劣情况，因为凡事都有两面性，当你拥有好心态的时候，看到的就是积极的一面，这样就能培养正向的销售思维。著名销售大师、作家乔·吉拉德曾说："当客户拒绝我七次后，我才有点相信客户可能不会买，但是我还要再试三次，我每个客户至少试十次。"显然，这种心态就是世界销售冠军和普通销售人员的区别所在。

3. 吸引力法则

客流量是销售业绩的保障，对销售员来说，如何能把消费者吸引过来是必备的生存技能，只是每个销售员的自身魅力不同，技能结构也不同，对消费者的吸引力更不同。所以，吸引力要从三个方面构建：自身形象、语言艺术、口碑评价。

第一，自身形象。

形象是一个人对外展示自身内涵的关键，包含衣着打扮、妆容（针对女性销售）、整洁度、表情、举止神态等几个方面。

衣着打扮，要符合销售员基本的职业属性，这和你销售的产品有关，越是上档次的产品越需要穿着正式的服装，服装未必多么昂贵，但不能显得随意和休闲，要给消费者一种正式感。比如，你销售的是高档西服，如果穿着休闲的T恤衫肯定很违和。当然，有时太过于正式也不好，如果你销售的是儿童玩具，穿着笔挺的礼服，也会让人觉得不适，所以要相互搭配，才能相得益彰。

妆容，主要是针对女性销售，一定要端庄自然，最好是淡妆，不能过于浓重或者怪异，因为妆容代表着销售员自身的气质，让人赏心悦目的妆容才更能吸引消费者。

整洁度，它包含服装的整洁和个人卫生，这能够体现出一个销售员对自身形象的重视程度，如果整洁度不够会直接降低消费者对你的好感度，吸引力也无从构建。

表情,往往是消费者第一眼看到的,所以要拿捏准确才行。过于热情的笑容,会给消费者带来压力,好像不买点什么就不好意思进来咨询;冷若冰霜的脸孔,会给消费者拒人千里之外的感觉……所以,最合适的表情就是淡淡的微笑,既让消费者心生暖意又不会带来压力。

举止神态,这是体现出销售人员是否专业、是否大方得体的关键。有些销售员喜欢套近乎,在说话的时候距离消费者很近,却并不知道对方是否介意,因为陌生人之间存在着"人际交往距离"这个概念,它主要分为公众距离、社交距离、个人距离和亲密距离四个档次。公众距离在3.7~7.6米,一般不适用于销售员;社交距离在1.2~3.7米,这是符合销售特性的距离;个人距离在46~122厘米,这适用于和熟客之间;亲密距离在15~44厘米,不适用于销售员和消费者之间。因此,掌握好彼此之间的距离,也是能够展示销售员举止是否文雅、舒适的关键。

那么,自身形象的吸引点在何处呢?在于消费者对你的第一印象。如果你是一个服装整洁、笑容可掬的销售员,那么即便消费者的购买意愿不够强烈,很可能也会被吸引过来。简单地说,自身形象就是一张社交名片,直接决定了人们是否愿意和你交往。

第二,语言艺术。

俗话说:"买卖不成话不到,话语一到卖三俏。"这就是销售语言产生的吸引力。当消费者站在你面前或者站在商品附近时,你和消费者的沟通模式就启动了,而如何采用艺术的语言是至关重要的,因为它能够激发消费者的购物兴趣,决定接下来的消费行为走向。

第二次世界大战期间,美国军方推出了一个保险:如果每个士兵每个月交10美元,在战场阵亡之后会得到一万美元。军方以为士兵会踊跃购买,然而没有一个士兵对此产生兴趣,军方觉得很纳闷,后来经过调查发现,士兵认为如果命都没了，这些钱还有什么意义呢？还不如买几瓶酒更划算。后来一个老兵为军方解释说："弟兄们，我理解的这个保险的含义是这样的，战争打响之后，如果你投保了，你的家属会得到一万美元，如果没有投保却阵亡了，政府不会给一分钱。那么，政府会派需要赔偿的士兵去打仗，还是死了也白死的士兵去呢？"话刚说完，士兵纷纷投保，因为他们都不愿意成为第一个被派上战场的人。

从这个故事可以看出，能否用语言让信息产生吸引力，在于灵活地切换角度，由此产生的效果是截然不同的。

第三，口碑评价。

有些消费者过来购物并非随机的，而是听了朋友介绍或者通过其他信息渠道得知的，这可能和你销售的品牌有关，也可能源自你本人的口碑和评价。正如很多售后服务好的产品深受欢迎一样，销售也应当建立具有大牌产品的吸引力，这样才能源源不断地吸引不同的消费者。当然，构建口碑需要时间和心血，需要销售员认真接待每一个消费者，哪怕对没有产生消费行为的客户也要给予对方宾至如归之感，这样才能形成好口碑的不断传播。口碑的吸引力在于能够产生"隔山打牛"的效果，也就是对还未曾见面的潜在客户形成吸引力，让他们慕名而来，所以不仅要用心对待消费者，还要通过语言暗示他们推荐给更多的朋友。

构建吸引力是销售人员需要修炼的内功，虽然从表面上看是如何与消费者产生积极互动的技能，但究其根本，是销售需要首先锻炼的基本素质，比如衣品、话术、社交策略等。这些需要一定的专业知识和个人悟道，然后才能进入到实践阶段，如果不做好必要的准备就盲目实操，很容易与消费者发生摩擦和误解，因此要提前下足功夫。

4. 教育背景影响客户风格

知识改变命运，不同的教育背景培养的行事风格也不同，对一个人的思维方式和行为模式有着重要的塑造性，这也就意味着销售员应当根据客户的教育背景采取不同的销售策略，这个策略包括销售人员自身的行为表达和沟通技能。

从心理学的角度看，初次见面的人相似性高会更容易打开隔阂的局面，这被称为"类似吸引原则"，是人际交往的吸引法则之一。在人际交往中，人们更喜欢在信念、价值观、个性特征等方面和自己相似的人，越是接近越容易喜欢对方。

那么，相似的教育背景意味着什么？意味着人的说话方式、社会地位和价值取向都会趋向同一，所以销售应该适当调整自己，变得和客户拥有相似的教育背景。当然，如果你的客户教育水平较高，销售也不能刻意拔高自己，这样反而会引起对方的反感，而是要表现出高于日常习惯的言谈举止，至少让对方感觉到你是一个好学上进的人，这样也能缩短双方的心理距离。

第一，教育水平较高的客户群体——博士、硕士、知名高校学士以及有海外留学背景的人群。

这类客户学历较高，经济收入通常也不低，如果有海外留学的背景那就更是见多识广了，他们具有很高的消费能力和不低的消费需求，他们对品牌有一定需求但不会盲目追求，对品牌的内涵和创意比较看重，如果是留过学的可能更关注国外知名品牌。他们的消费观念不会过于追求新潮，更趋向于高品质，他们身边也大多是看重品质和口碑的社会群体，所以对过于通俗甚至低俗的产品和品牌会有抵触心理。

针对这类群体，销售员应当突出产品的内涵，也就是产品背后的故事，这对于普通消费者没有什么"杀伤力"，但是对高学历的消费者来说往往是凝聚他们和产品的关键。也可以通过讲述一小段故事凸显销售员个人的文化修养，不过要切忌班门弄斧，如果涉及对方知识领域内的故事要小心求证，也可以适当地咨询对方："您是这方面的专家，您可以帮我补充一下……"这样既能引起对方的兴趣，还能找到赞美对方的切入点。

需要注意的是，这类群体一般自尊感很强，他们可能在公司里是有着话语权的人，所以不要站在一个专业者的角度去指导对方如何消费，而是应当成为一个咨询者，向对方提出中肯的建议，这样更容易让对方接受。

第二，教育水平中等的客户群体——普通高校具有学士教育背景的人群。

这类客户群体占据大部分的比例，一般是经济收入不算很高的人群，而且容易产生两极分化：一部分是凭借自身能力考上大学的或者考试发挥失常的人，另一部分是专升本或者考试发挥超常的人。总的来说，这个群体呈现的特征比较分散，很难用几句话来形容，但是有一个特征是相对稳定的，那就是他们本身代表着大部分消费者的特征：比较重视产品的性价比，对产品价格有一定的敏感度。

针对这类群体，销售员可以不去调整自身的营销风格，而是拿出面对大众消费者的策略，重点宣传产品的实用性，让消费者相信购买之后不会吃亏，同时也不会落后于潮流，要让他们相信产品的使用周期较长，为了凸显这个特征可以进行横向和纵向比较。横向比较就是和其他品牌的产品比较实用性和耐用性，当然不要刻意抹黑友商；纵向比较就是和之前的老款产品比较产品的升级换代的优越性。

需要注意的是，这类客户群体虽然未必都是成功人士，但是他们对社会地位的划分仍然是敏感的，因此销售不要在沟通中涉及"工薪阶层""很便宜""能省不少钱"之类的词汇和字眼，而是将重点放在"明智选择""不花冤枉钱""理性消费"这些方面，就能既照顾对方的面子，又照顾对方的钱包。

第三，教育水平较低的客户群体——高中、中专、职高等教育背景的人群。

应该说这类群体的两极分化是最为突出的，他们既可能是处于社会底层的人群，也可能是生意成功的老板，所以要区别对待。

针对事业低成就的人群，他们对产品自身的文化背景、艺术内涵这些可能不太在意，在意的是购买之后身边人的评价，因为他们的自我意识往往不那么强烈，容易随波逐流，因此在诱导他们消费时多用"这一款产品很多人都在用""我觉得你身边的人肯定喜欢"之类的话，满足他们的从众心理。另外，在和他们沟通时少用一些文绉绉的词汇，多用平实直白甚至某些网络用语，更显得接地气，也能消除对方的戒备心。由于这类群体的消费能力通常不会太高，所以尽量避免让他们接触高价位产品，高价位产品容易在无形中刺激对方的自尊心，不如推荐价格相对低廉的产品。

针对事业高成就的人群，他们虽然对产品内涵未必像高教育背景的人那么敏感，但是为了凸显自身的社会地位也会表现出很在意，这带有一定的虚荣成分。作为销售员来说，要顺应这种心理需求，所以在讲述产品故事的时候要点到为止，千万不要引起对方的误会：你说得这么详细是不是以为我不懂？所以关键点在于"这个产品是有内涵的"即可。由于这类客户群体消费能力较强，所以销售时要将品牌知名度放在第一位，凸显高端大气上档次的产品属性，抓住这个点就容易攻下对方。

教育背景是判断客户价值观、行为方式、沟通语言偏好的主要依据之一，但不是唯一依据，因为人除了接受学校教育之外，还会接受社会教育以及自我教育，这些都可能弥补低学历造成的不利影响。所以辨识客户还需要从综合的特征入手，否则就会产生刻板印象，导致从一开始就陷入错误的定位。

5. 不同年龄段的客户心理

销售人员每天都会接触到形形色色的消费者，他们存在社会地位的差别、消费能力的差别、性别的差别……不过，最为突出的差别是年龄差别，因为不同年龄段的消费者其购物心理存在较大差别，集中体现在对商品的购买欲望、偏好、兴趣等。

第一种，老年消费者。

老年消费者一般比较孤独，所以他们不排斥甚至愿意和销售员聊产品之外的内容，如果能够和他们适当地唠家常，就能拉近彼此的距离。老年消费者由于视觉、听觉、嗅觉以及触觉等感官能力下降，所以对外界的反应比较迟钝，对超前的商品很难接受，他们的消费需求往往比较集中，比如营养保健品，易于消化的食品以及保健器械等，这些都是能够引发他们购买兴趣的产品，是沟通的切入点。

从消费能力上看，老年消费者一般有不少积蓄，相比于中年和青年消费者来说没有负担。但是他们的消费观念也是比较谨慎的，而且由于时间充裕，对金钱也比较在意，很少有超前消费的概念，所以难免会货比三家，作为销售员不要逼得太紧，这样反而会让对方心里没底。最好的做法是取得对方对你的信任，这样即便这笔生意不成，下一笔生意也许就是你的了。另外，老年消费者对老品牌的黏着度比较高，所以他们习惯选择自己熟悉的品牌或者用它们和新品牌进行对比，在营销的时候最好能用他们喜欢的品牌作为营销的媒介，这样更容易打动他们。

有些老年消费者习惯了节俭的生活，他们的消费欲望并不强烈，这就需要消费者抓住重点：找准他们需求的方向是第一位的，而不是如何说服他们购买消费意愿并不高的产品。

第二种，中年消费者。

中年消费者大多是有家庭的，也有稳定的职业，收入一般不会太低，至少有一定的积蓄，不过他们消费起来也很谨慎，因为他们的主要目标是为自己和家人提高生活的品质，所以如果产品本身不能打动他们，他们不会轻易出手。他们的心理比较成熟，个性表现也很稳定，不会像年轻人那样冲动消费，理智决策在他们的消费行为中起到主导作用。而且，他们上有父母需要赡养，下有儿女需要养育，所以生活的压力还是比较大的，懂得量入为出，对产品的品牌并不是很敏感，更关注性价比，基本上任何产品的购买都在计划之内。当然，中年消费者也会被新型产品所吸引，不过他们更关注的是新产品和老产品的实用性，如果只是花哨而缺乏实际效果就很难触动他们。

作为销售员来说，对中年消费者不要妄图引导甚至改变他们，因为他们大多很有主见，所以还是要多站在他们的角度去考虑问题，在营销中凸显产品的性价比。不过中年消费者也有软肋，一个是他们的父母，另一个就是他们的子女，对父母的健康投入和对子女的成长和教育投入还是敢于消费的，这些都可以当成是营销中的"进攻重点"。

第三种，年轻消费者。

年轻人内心丰富而且敏锐，充满想象力，敢于创新，敢于突破传统观念和世俗偏见，能够接受新鲜事物，他们通常处于未婚状态，能够紧跟时代，消费观念超前，有不少是月光族和卡奴，他们虽然也在意产品本身，但更在意的是品牌知名度，特别是他们身边人的消费偏好会影响他们的购买意愿，所以要学会引导他们朝着你销售的产品靠近。而且，他们喜欢被他人肯定和赞许，甚至希望别人能够羡慕他们。所以，销售员最好能够推荐给他们新产品或者具有流行元素的产品，这样就更容易勾起他们的购买欲望，而他们通常对产品价格并不是非常敏感。

一般来说，年轻消费者的经济来源可能不稳定，但是经济负担较小，针对他们的产品范围十分广泛，无论是高档次的还是低档次的，都是他们的购买对象。随着消费观念的升级，他们对衣食住行的要求也很高，只要能够满足这些需求的产品都是他们关注的对象。

年轻消费者的特点是比较果断，反应灵敏，不会过于犹豫，这也造成了他们的缺点：比较容易冲动，往往未经思考就会出手。这是销售可以利用的弱点，但也不要为了利润刻意推荐对他们不适合的产品。

第四种，少年消费者。

通常是指11～14岁的客户，他们介于儿童和成年人之间，正在从不成熟朝着成熟的阶段变化，他们喜欢和成年人比较，在意自己是否还是孩子气，是否像个大人，尤其是男孩子更在意自己是否成熟，而女孩子更在意外表，所以可以从这些购买倾向去引导他们，让他们逐渐和社会主流的消费趋势并流。

虽然不同年龄段的消费者有不同的群体特征，但也不排除有特殊情况发生。比如有的年轻人自律性很强，从小很会计划消费，那么就不能用单纯的鼓动策略诱导他们消费，因为这样只能引起他们的警觉甚至反感。同理，有些中年人因为单身，经济压力很小，也可能不顾一切地冲动消费，所以用品牌和新潮这些元素去吸引他们同样有效。简而言之，销售员既要熟悉这些年龄段的心理画像总结，也要针对具体的心理特征表现来综合判定，这样制定的销售策略才更精准。

6. 男性客户和女性客户的差别

《亲密关系》是加拿大作家克里斯多福·孟的著作，深入探讨了两性关系的很多奥秘，尤其是解读了男女双方在情感问题上的差异之处。事实上，男女之间受制于染色体、家庭教育、社会规范、成长历程等多方面的影响，在思维方式上的确存在着差别，这也意味着销售员在面对不同性别的客户时，应当有对症下药的思路，才能更好地完成销售目标。

下面，我们就从关注话题、交流行为、谈话内容以及消费特点四个方面，分别看看男女客户的不同表现以及销售时的应对策略。

第一，关注话题。

男性客户关注的话题：公司的业务发展情况、重要的事件以及产品情况；个人的职务状况，比如晋升和业绩以及竞争对手等；国际政治和军事等新闻；体育新闻；成功企业家；高端科技和数码产品，如最新款的电脑、单反相机等。

女性客户关注的话题：精神面貌，比如今天气色如何以及他人对自己的印象；穿着打扮，衣服是否搭配合理，妆容是否考究出众；减肥健身的小窍门；有关家庭和朋友圈子；公司里的人事变动和各种桃色新闻；热门的影视剧；旅游和美食。

在了解了男女不同的关注话题之后，销售时就可以有的放矢，找到话题的切入点，并根据你销售的产品将这些话题当成推销的载体介绍给客户，这样既能引起对方的兴趣，也不会显得生硬和突兀。

第二，交流行为。

和女性相比，男性客户更喜欢叙述。举个例子，描述同一件事情，女性的平均叙述时间是3分钟左右，而男性则多出10分钟。从刻板印象上看，人们普遍认为女性更爱喋喋不休，其实这主要是针对她们感兴趣的事，而男性针对某件事喜欢全方位地描述甚至进行延伸，所以反而说得更多。针对这种情况，销售员面对男性客户时，可以适当地插话，避免因为跑题而影响了正常沟通，同时在心中设定一个交流的时间表，不要被对方的思路影响了交流的主题。

和男性相比，女性更喜欢凝视对方，而不是从对方的语言中获得某些信息。因此，销售员可以通过适当回视赢得女性客户的好感，而针对男性客户要从语言逻辑上入手。另外，女性客户喜欢在交流中表达某些个人问题，男性则不会暴露自己的弱点，所以销售员可以和女性客户适当交谈销售以外的话题，而对男性客户则集中在正式话题上。

男性客户喜欢通过插嘴来表达自己对某件事的看法，所以销售员要学会适当地恭维对方，肯定对方的观点，然后再把话题拉回来。对于女性客户，她们比较在意沟通的氛围，所以销售员要注意表达的清晰度和融洽度，不要涉及一些敏感话题，引起对方的猜忌。

第三，谈话内容。

男性客户总是会在交流中展示自己的能力和社会地位，所以销售员应当给足他们面子，让他们的自尊心和成就感被充分满足，这样接下来的沟通就会容易很多。另外，男性客户大多自信、自主，不喜欢被人指导，更不喜欢别人无理由地帮助他们，这对他们来说是一种冒犯，所以销售员要尽量站在提建议者的位置上，避免出现僵局。

女性客户希望在沟通中建立良好的关系，所以销售员不必把重点都放在产品本身，可以适当延伸到彼此的关系上，给予对方足够的安全感。另外，女性客户比较重视信息分享，她们有时候不会直接给出答案，而是倾听，所以销售员应当针对这一特点回应对方，引起心理共鸣，营造和谐的交流氛围。

第四，消费特点。

男性客户通常果断坚决，善于控制自己的情绪，在分析问题的时候能够衡量利弊，习惯从大局出发，这些都影响着他们的购买意向和结果。从购买次数来看，男性客户通常小于女性客户，动机也不够强烈，通常是被动消费比较多，比如一双鞋坏了才会买，而女性永远不会介意自己的鞋太多。对于已婚男性来说，被家人催促着购买某种东西是常态，作为销售员来说可以多站在他们家人的立场上去诱导，这样更容易促成交易。而且，男性客户一般不会购买花哨的东西，对产品的实用性比较在意，这些都是说服对方的信息切入点。

当然，男性客户之间也存在着差异，也有不少盲目型的消费者，他们并不清楚自己想要什么，这或许是性格使然，也可能是经济条件太过优越不在乎钱，所以销售员在识别出这种特征之后，可以采用针对女性客户的方法去说服对方消费。

通常，女性客户情感丰富，心境变化比较强烈，富于幻想，所以在消费时总是有情感冲动，容易受到外界信息的影响，比如广告宣传、产品展示以及销售员的热情服务等，被触发购买意愿的可能性较大。如果选购的产品没有货，她们不会像男性客户那样直接放弃，而是寻找替代品，坚定地完成购买意愿。

总的来说，女性客户更容易冲动消费，这也是有人认为女人和小孩的生意更好做的根本原因。不过这并不代表着所有女性都是如此，也有理智型的女性消费者，作为销售员也需要具体区分，否则当对方发现你在有意引导自己盲目消费时会产生戒心。

根据性别对客户进行心理画像，只一个概括性的描述，我们不能因此局限于性别的标签，要懂得综合其他因素作出推断。虽然这听起来有些难度，但是只要了解对方的思维概况和情绪概况，就能大致发现对方的消费心理特点，从而制定正确的营销方案。

7. 贪心是销售的大忌

销售是一份养家糊口的工作，也是实现自我价值的事业，所以很多人会竭尽全力地多售出产品，从而为自己营造更好的生活。从这个角度看，销售员追求更多的利润、更多的客户是极为正常的现象。然而，有些销售员由此变得利欲熏心，将业绩当成是唯一追求的目标，为了多卖出一件产品往往不择手段。然而，这是一种被业绩和利润绑架的思维模式，对销售员来说是有害的。

我们常说贪多嚼不烂，其实对销售员来说也是如此。销售这份工作并没有想象中那么好做，它需要销售人员对市场、产品、竞品和消费者有充分的认识，而这个认识就包含了如何摆正心态，切忌贪婪。

第一，进行必要的市场调研。

销售应当懂得，市场调研是工作的前提，如果被老板安排到某个地区或者负责销售某个子品牌、系列产品，就要学会从这些实际问题出发，了解该产品是否深受该地区的消费者欢迎，如果不受欢迎，原因是什么。在弄清这些问题之后，就会懂得合理地推销而不是盲目地塞给消费者，即便偶尔一两单能用此法搞定，但是这种意外的业绩只能误导你对市场的了解，从而做出更严重的误判。只有做好市场调研，才能摸清行业内的相关动向，制定出正确的营销方案，从根本上避免产品不受欢迎的情况，从宏观上引导消费者选购产品。

第二，必须对产品足够了解。

销售员不仅要懂得如何营销产品，更要认清产品的本质属性，比如它是奢侈品还是大众消费品，使用周期如何，定位的消费群体是清晰的还是模糊的……搞清这些问题才能给产品做出一个准确的画像，而不是盲目地追求销量。很多时候，一时的销量增长并不代表该产品深受消费者欢迎，也可能只是偶发性的或者竞品的缺位造成的，如果不能进行理性的判断，对接下来的营销活动会有致命的影响。

第三，要客观认识竞品。

当销售员认真分析了自身产品的特点之后，就要对竞品进行分析：自己的产品和竞品相比有哪些长处和短处？彼此的消费群体定位如何？竞品的销量如何？只有对这些基本信息分析透彻，你才能知道作为消费者会更倾向于选购哪一种以及理由，这样在营销时才能有的放矢，而不是通过贬低竞品或者采用其他不正当手段拉动业绩，因为这样的利润收益往往是短暂的，会让你失去正确的判断，也会抹黑自家产品的品牌形象。

第四，深入了解消费者。

分析目标客户群体，是对产品进行精准定位的关键，也是我们常说的客户心理画像。有些销售员过于相信自己的口才，总是对目标客户以外的消费群体进行营销，或许偶尔会有成功的案例，但这并不能代表你的营销思路是正确的，反而会让你积累一些错误的经验。打个比方，你是一位主营中年女装的销售人员，某一天一个年轻女性痛快地选购了一件套装，于是你认为这是一个新的客户群体，却不知她是给母亲买的，所以当你对年轻女孩费尽口舌、称她穿上会显得更成熟时，对方只会产生反感。

如何才能避免错误的销售判断呢？

第一，树立正确的职业观。

无论你是打工还是创业，都应当具备作为销售员的基本职业素养，也就是本着对客户负责的心态：客户对产品有着显性的需求或者潜在的需求，销售员负责引导对方消费。这样的心态才是综合了职业道德和工作业绩的认知态度，而不是为了多赚一元钱把产品吹嘘得天花乱坠，这样即便在利益上有了实质性的收获，但丢失的可能是你的口碑甚至品牌美誉度，从长远的角度看是不利的。

第二，树立正确的金钱观。

人人都需要钱，多赚钱对谁都不是坏事，但是君子爱财取之有道，这不仅是对人道德层面的规范，也是对职业生涯的一种要求。当我们把金钱看得过重的时候，忽视的可能是和客户建立的良性关系，损失的可能是客户背后的人脉资源，而这些都很难直接用金钱去衡量，所以我们对金钱的追逐要有张有弛，不能一切向钱看。

第三，树立正确的营销观。

销售的艺术在于，让客户在信息对称的前提下心甘情愿地消费，这才能凸显销售人员的职业素养和人格魅力，如果销售时全部采用的是一些旁门左道的手段，那么营销学、销售心理学这些学问就没有存在的必要了，而这些行为本质上是否定了"营销"这门学问，让销售这个职业和"大忽悠"画上了等号。

很多时候，做不好销售的人，并非自身不够努力，而是没有使用正确的销售思维。销售不单纯是依靠话术、察言观色、人脉关系来制胜的职业，它更需要我们拥有冷静的头脑和一颗平常心，要先按捺住对利益的追逐，然后再去分析市场、产品、竞品和消费者，这样就不会为追求业绩而冲昏了头脑，从而做出错误的判断。

第二章

销售员必懂的7条心理定律

1. 哈默定律：天下没有坏买卖
2. 伯内特定律：占领客户的头脑才能占领市场
3. 250定律：客户的影响力超出想象
4. 二八定律：抓住大客户是关键
5. 跨栏定律：困难越大越易激发潜力
6. 斯通定律：将心比心，以情换情
7. 奥新顿法则：必须抓住客户的心

1. 哈默定律：天下没有坏买卖

哈默定律出自阿曼德·哈默撰写的《哈默自传》。哈默是美国历史上富有传奇色彩的商人，他于1898年生于美国纽约，1917年进入医学院学习，然后继承了父亲的制药工厂，凭借制药起家，最后成了百万富翁。在拥有了更多的财富之后，哈默涉足了艺术品、食品、石油等多个领域。正如人们所说的，鸡蛋不要都放在一个篮子里，哈默用他的经营策略证实了如何将不同类别的生意做到极致。哈默定律也由此产生：天下没有坏买卖，只有蹩脚的买卖人。

如果你对这个理论有些怀疑，不妨看两个故事。

鲁国有一对夫妇，丈夫擅长织葛，妻子擅长织绢。当时葛是用来做草鞋的，而绢主要用来做帽子。一天，丈夫决定搬家到越国谋生计，然而马上有人取笑他：越国少数民族居多，那里的人出门从来不戴帽子也不穿鞋，你们夫妇肯定赚不到钱。

国外也有一个类似的故事，两个推销员都被派到太平洋的某个岛国推销鞋子，结果发现岛上的居民都是赤脚走路的，他们根本不知道鞋子是什么东西，其中一个推销员给公司发电报：这个岛的居民不穿鞋，所以没有市场，而另一个推销员发的电报内容是：这个国家没有一个卖鞋的公司，我们可以大赚一笔！

通过这两个故事，我们可以得出这样一个结论：商机并不是已经形成的市场，而是尚未被开发的市场，而这个市场的发展潜力才是巨大的。遗憾的是，鲁国人的故事在中国传统文化中被认为是愚笨的代表，人们觉得夫妇二人无视越国少数民族的生活习惯，是不懂得遵从客观事实，相比之下，外国推销员的故事却被当成商业思维的典范。

其实，之所以产生两种不同的评价，主要还是对销售这项工作的定位问题。站在传统的角度看，销售应当以生产者和销售者为中心，也就是我生产出了什么就卖给谁，对消费者来说就是被赚钱、被宰的地位，彼此是对立的关系，然而这忽视了消费者的潜在需求：不穿鞋的民族真的就不需要鞋吗？还是他们根本不知道世界上有鞋这种东西存在？所以，片面强调生产者自身利益的销售观念，看起来是在维护自身利益，其实是在割裂和消费者的关系。在进入实操阶段后，这种"我有什么就卖什么""你们用什么我才卖什么"的思想往往会事与愿违，难以获得更高的利润。

哈默定律就是在纠正这种错误观点：对于生意人来说，任何市场都有被开发的价值，虽然这个过程可能漫长和困难，但你必须要敢于尝试，而不是想当然地给自己下了某种结论。进一步解释，传统的销售观念就是"强力销售"，根本不去考虑消费者的诉求，而哈默定律提出的是"软性销售"，是站在消费者的角度思考问题。

虽然不少销售员从业经验丰富，但是他们未必对一些基础性的问题了如指掌，比如"销售究竟是什么"这个问题，相信会有人答不上来。我们不妨换个角度思考：销售卖的是什么呢？或许会有人马上回答：产品或者服务。这个答案只能说是达到了及格水平。从表面上看销售员出售的确实是产品和服务，但是从现代销售的角度看，产品是由三个层次构成的。

第一个层次是核心价值。它就是消费者购买这个产品所追求的利益，比如雨伞的避雨功能，保温杯的保温功能，这是客户最想获得的，也是产品的核心功能。

第二个层次是形式产品，它是在消费者心中形成的有形状态，比如雨伞的颜色、伞面采用的防雨绸材料、伞骨是否结实耐用等，这些也影响了消费者是否选购某个品牌。

第三个层次是附加产品，它是指消费者在产生消费行为之后获得的附加利益的总和，比如购买一把伞之后获得的小赠品或者由此成为某个店铺的会员等。

通过对三个层次的对比可以发现，消费者最在意的必然是核心价值，一把雨伞外观再美艳，如果破了个洞，它就失去了避雨的功能，对消费者来说就是无用之物。那么，对尚未被开发的那个岛国居民来说，鞋的功能是保护脚，而他们没有具备这种功能的替代产品，所以对鞋的需求是未知状态，作为销售员就应当向他们普及穿鞋的好处，从而唤醒他们对鞋的需求，突出鞋的核心价值。

需求是广泛存在的，所以任何生意都有适合它们的市场，只是有的尚未被挖掘，有的挖掘程度不够而已。如果仅仅站在销售的角度去思考，很容易忽视核心价值对消费者的重要意义，就会错失商机。

当你产生了"坏买卖"这个概念时，往往是由于你过于追逐利益造成的，因为你所想到的都是自己可能面临的风险和低收益，而不是分析消费者的需求会带来何种商业空间和价值。最简单的规避方法就是，销售把自己当成是造福消费者的人，手中的产品就是帮助人们解决问题的。如果带着这种观念去看问题，就会弱化对所谓风险的敏感度，提升满足消费者需求的责任感，从而更容易完成销售目标。

2. 伯内特定律：占领客户的头脑才能占领市场

如今我们身处一个科技发展日新月异的时代，各种新生事物层出不穷，各种营销手段也迷乱了消费者的眼睛，如何才能在这竞争激烈的市场中脱颖而出呢？只有敢想敢做并敢于创新，让自己具备超前的商业意识。那么，想要"占领"消费者的钱包和市场份额，就不能不研究一个思维法宝——伯内特定律。

伯内特定律是美国广告专家利奥·伯内特提出的，是指只有占领消费者的头脑才能占领消费市场。伯内特定律是科学的规律总结，因为头脑产生意识，意识决定行动，只有让消费者产生"我需要"和"我非常想要"的坚定意愿和强烈欲望，才能产生消费行为。

如今是消费升级、体验为王的时代，消费者和过去相比，更在意的是产品的体验舒适度而非性价比，所以不少消费者是很挑剔的，加之大部分市场都是买方市场，消费者有充分的选择自主权，稍微精明老练一点的都会货比三家，反过来对销售员来说，在产品同质化的尴尬前提下，想要拿出绝对具有竞争力的产品和服务并不容易，唯一有效的方法就是拼创意。

对大多数销售员来说，创意包含着广告创意和销售创意。广告创意是在宣传上做出亮点，引起消费者的关注和购买欲望，销售创意则是从产品本身入手，强化它的不可替代性。

从本质上看，广告就是让消费者注意产品的过程，这个注意可能从产品的外观功能开始，最后才是消费者的购买行为。所以，广告应当加入足够的创意，抓住消费者的某些心理特点和思维规律，让他们从内心深处产生一种共鸣，这样的广告才是具有冲击力和蛊惑性的，才能打动消费者。当更多的消费者被广告效应影响之后，那么该产品的消费市场也会被逐渐占领并呈现几何式的爆发——一个消费者可能会将产品体验传递给若干个消费者，若干个消费者会传递给数量更为庞大的消费群体。

那么问题来了：在所有商家都知道广告的作用之后，如何超过同行呢？唯一的办法就是拼创意，创意是一个产品的传媒形象，如果没有创意，即便是老牌产品也可能被新生代的产品所取代。

创意的核心要素只有两个：一个是新奇，就是说之前从未有人想过；另一个就是独特，指的是不可复制性。

中国的特产茶叶乌龙茶，一直在东南亚地区深受消费者的欢迎，日本人也十分喜欢，后来他们看准商机，从中国进口一级、二级茶叶，加工制造成口味更好的凤凰牌乌龙茶液体饮料，很快就在市场上占据大量份额并出口到欧美市场。因为对消费者来说，这种液体饮料是无法替代的，也是前无古人的，这就是创意的卖点所在。

对销售员来说，产品广告或许不是职权范围内要考虑的事情的，但是销售员可以在门店、网店这些自我可控的范围内打出广告，所需要的创意思维都是相同的，无非是格局大小的区别。毕竟，同一个品牌的产品可能要分销到很大的区域内，有的门店地理位置优越，有的区域消费水平较高，如果销售员不能依靠自己的广告创意去扩大这些优势，最终吃亏的还是自己。

鹤鸣鞋业在初入市场的时候，销量并不好，老板为此每天发愁，思考着如何打开市场。一天，账房先生找到老板来献计献策："市场竞争和打仗一样，必须注重商业策略，只要愿意花钱在本市最大的报社登三天广告，问题就能迎刃而解。"老板感到很奇怪：因为登报纸是很常见的打广告方式，凭什么我们就能抓住消费者呢？账房先生解释说："我们第一天只登个大问号，下面标注一行小字——'欲知详情，请见明日本报栏。'到了第二天还是这样刊登，第三天的时候我们在广告上写出'三人行必有我师，三人行必有我鞋——鹤鸣鞋。'"果然，广告登出来以后，不少消费者都被这个奇特广告深深吸引了，他们搞不懂葫芦里卖的是什么药，当谜底揭开之后，他们对鹤鸣这个品牌产生了极高的兴趣，鞋店客流量暴涨。

通过这个案例可以得知，想要引起消费者的购买欲望，不单单是要强化他们对广告的印象，还要勾起他们对事物的探秘天性，这样才能让关注度逐渐增强并在短期内固化，而当他们体验了产品和服务之后，好奇心就会转变为对品牌的忠诚度。同样，这个广告也是对新奇和独特的创意元素的实践——不给答案代表着新奇，用问号给鞋做广告代表着独特。敢于标新立异，才能打破人们的惯性思维，颠覆消费者的认知习惯，自然就超越了竞品。

除了广告创意之外，销售还可以通过产品创意去占领消费者的头脑，即提供差异化的产品或者服务，当然，这不一定要重新设计产品，进行适当的附加服务和周边产品搭配也是一种策略，比如你是销售模型颜料的商家，可以在出售产品的时候赠送纳米魔术擦，因为很多消费者会在给模型上色时发生蹭漆的现象，而纳米魔术擦能够解决这类问题，这也是一种差异化的营销策略。

钱在消费者的手里，想要让他们心甘情愿地掏钱，就必须本着攻心为上的原则，这也是伯内特定律的核心思想：只有让消费者从意识上认同你的产品和服务，才能有后续的购买行为。作为一名销售员，如果真的掌握了一个实用的定律，想要获得消费者的信任和喜爱就并非难事，关键在于你是否能付诸实践。

3. 250定律：客户的影响力超出想象

乔·吉拉德是世界上最伟大的销售员，他创造了一个令人咋舌的销售记录：连续12年平均每天销售6辆车，由此还登上了吉尼斯世界纪录大全世界销售第一，据说这个成绩至今无人能够打破。多年的销售生涯不仅锻炼了吉拉德的才华，也让他总结了不少经验，其中有一条非常著名的"250定律"。

"250定律"说的是，每一个顾客身后大约都有250个亲朋好友，换个角度看，当一个销售员赢得了一个顾客的信任之后，就能间接地赢得250个人的信任感。反过来，如果一个销售员得罪了一个顾客，也意味着得罪了对方背后的250个顾客。

"250定律"告诉每一个销售员：只有认真对待每一个顾客，才能获得更多的潜在客户资源，所以不能嫌贫爱富，不要给顾客划分等级，因为顾客背后的客户资源你并不了解。同时我们还要认清，销售员通过一个回头客去拉更多的客户，远比拉来一个新顾客更容易。

销售界有一个奇特的计算公式：开发一个新客户的成本相当于维护27个老客户，虽然27这个数字未必是精确的，但它足以证明开发新客户的难度要远远超过维护老客户。既然如此，那么何不紧紧抓住老客户资源呢？要知道他们背后的"250"是相对稳定的群体，只要善待他们就能获得丰富的客户资源。

无独有偶，亚马逊的创始人贝佐斯还有一个"双6法则"：如果你让一个顾客不高兴，那么他会在现实世界里告诉6个朋友，而在网络世界会告诉6 000个朋友。

不管是250还是6 000，这些数字的具体含义不重要，重要的是它们讲述了销售员获得客户好感的重要性。从这个角度看，销售是容错率较低的行业，惹怒了一个顾客带来的附加影响是无法计算的；同样，销售也是中奖率很高的行业，取得一个人的信任收获的是翻倍的数字。

虽然我国的销售界尚且没有和"250定律"相似的说法，但是从中国传统文化看，"250定律"反映的不正是"人言可畏"吗？仔细想想，如果一个销售员在无意中得罪了顾客，即使错误并不在销售员身上，那么顾客的一张嘴完全可以给销售员带来较大的负面影响。当一个销售员忽视了这个定律，距离失败也就不远了。既然如此，怎样才能实践250定律呢？

第一，对你的第一个顾客友好。

你的第一个顾客，也许不是给你带来第一个订单的金主，但是他是第一个有机会感受到你真心以及你销售能力的人，如果和他建立了相互信任的关系，他会很愿意将背后250个客户资源介绍给你。

第二，不要让消费者受委屈。

这是对销售员来说最低也是最高的要求，销售员无论遭遇何种情况，都尽量以礼相待，不要将矛盾扩大，而是要学会合理化解，毕竟买卖不成仁义在。即使真的遇上难缠的消费者，也不要和他们正面冲突。

第三，对待消费者要真诚。

没有哪个消费者是傻子，他们能够从销售员的一言一行中分辨出你是否出自真心。日本人在讲话时，如果一个人在说话，另一个人会不断地说"是"，这就是在鼓励对方继续讲下去，也是作为一种对他人的真诚回应，能够创造良好的沟通氛围，拉近距离。

第四，掌握灵活的话术。

卡耐基说过，如果想要交朋友，想要成为受人欢迎的说话高手，就要用热情和生机去应对别人。特别是当我们面对客户时，需要在沟通时谈论对方感兴趣的事，这样才能让对方产生被尊重感，拉近彼此的距离。有些销售员很难和客户友好相处，主要是个性过于坦率，又不会说话，所以总会惹客户不高兴，这就需要修炼情商和语言表达的技巧。

"250定律"给我们两个重要的启示：第一，服务每一个客户是同等重要的；第二，客户转介绍的意义重大。那么，怎样才能做好转介绍呢？

一方面，我们应该做好客户档案，收集客户的相关信息，比如出生日期、家庭住址、联系方式、家庭成员以及兴趣爱好等，只有了解了这些信息才能为客户提供更优质的服务。比如生日时给客户送生日蛋糕和礼物，送出赠品时尽量考虑对方的家人，这样就能让客户对销售产生更深的信任感。另一方面，主动帮助客户解决问题，如果你有一些小技能，比如会修理家具或者安装电脑操作系统，就可以寻找机会为客户提供服务，让他们感受到来自你的温暖。

爱因斯坦功成名就之后，只要出现在公众场合，就会有人走过来赞美他是多么伟大、对人类贡献多大，然而爱因斯坦已经听腻了这种空洞的褒扬之词，因此每次都是无动于衷，也不愿意和对方多说话。有一次，一位商人在聚会上巧遇爱因斯坦，商人开口说："尊敬的爱因斯坦先生，听说您的小提琴演奏得非常好，有机会去拜访您时，能否听您演奏一曲？"爱因斯坦听了以后十分高兴，欣然邀请商人去家里做客。

商人之所以能够打动爱因斯坦，在于他找到了对方感兴趣的话题——小提琴。同样，销售员如果也能做到这种程度，哪个客户会拒绝呢？

推销之神原一平说过："成交是销售的开始。"有些销售员在成交之前非常勤奋，然而一旦拿到了钱，马上态度就变了，甚至客户想找都找不到，让客户见证了什么是过河拆桥。即便有些销售员面子工作做得不错，但是不懂得做售后反馈，让客户以为他人间蒸发了，人家怎么会把潜在客户介绍给你呢？

"250定律"不仅传授给我们一种营销方法，更是给我们展示了一个格局更大的世界，即客户背后还有客户，订单之后还有订单，我们的眼界必须开阔，心胸必须豁达，才能获得更多的商机，拥有更丰富的人脉资源和良好的口碑。

4. 二八定律：抓住大客户是关键

对销售员来说，客户的质量有时候比数量更重要，这是因为人和人之间的消费能力差异巨大，如果能够抓住高消费人群，即便数量不多，也能创造可观的利润。当然，这需要掌握一条著名的定律——"二八定律"。

"二八定律"也叫"巴莱多定律"，是由意大利经济学家巴莱多发明的。巴莱多认为，在任何事物中最重要的、起决定性作用的只能占据20%左右的份额，其余的80%虽然是多数，却是次要的、非决定的，所以被称为"二八定律"。在现实生活中，很多不平衡的现象都能验证二八定律。

在销售领域中，如果你是一个新人，在你刚刚进入这一行的时候，一定要拿出80%的时间和精力去向前辈学习和请教，或者使用80%的时间和精力参加强化培训，否则你花费80%的时间和精力只能得到20%的业绩。当你进行营销的时候，"勤奋"是基础，如果你只愿意有20%的付出，恐怕只能得到20%的回报。因此，付出和回报是均等的。同样，在销售工作中，80%的时间都用在了工作和学习上，只有20%的时间是休息。或许你投入的80%的精力未必能获得80%的业绩，也许只是20%，然而绝对不可能投入20%的精力得到80%的辉煌。

"二八定律"对销售员最重要的启示不仅是投入和产出，还能让你明确客户群体：20%的客户能够完成80%的营业额，所以大客户才是销售应该抓住的重点。

大客户通常是指大宗购买的客户，或者是单价商品比较高的购买者，比如豪车、别墅或者高端的奢侈品等，而大客户的开发和营销与普通的销售区别很大，这需要你在八个方面做足功夫：

第一，销售自己比销售产品更重要。

一些销售员存在的最严重的问题就是，认为自己配不上所销售的产品，因为大客户往往都是社会上的精英人群，他们见多识广，注重生活品质，而销售员虽然也经常接触人，层次却并不高端，销售员的生活因为操劳也谈不上多有品质，这就造成了一种客观存在的差别，在面对大客户的时候销售员会产生"我跟他不是一类人"的想法，这就直接导致了营销的失败。想要克服这种心理障碍，除了注重衣着得体之外，更要注意自身的言谈举止，要让自己在气场上不输给对方，至少能保持相同的维度沟通，不要让大客户觉得你心里发虚，这才是搞定他们的第一步。

第二，提高专业技能。

大客户对产品的品质更加注重，所以一般销售员不必在价格方面和对方饶舌，而是应该将重点放在产品本身，这就需要销售员比大客户懂得更多，不仅是针对产品的外观、设计、功能以及品牌故事，还要懂得周边的知识，这样才能让话题具有延伸性，从多个角度说服对方。另外，当大客户提及产品周边的时候也不会茫然失措。打个比方，你销售的是高端渔具，那么就要掌握垂钓的相关知识，还要了解省市内的户外活动信息，这些都可能是说服对方并证明自己专业性的知识。当你的专业性越强时，对方对你的信任度才能越高，而大客户通常对价格不那么敏感，所以他们认可一个销售员以后，往往能够建立更持久的交易关系。

第三，建立高端的社交圈子。

普通客户可以通过现实和网络等简单的渠道去获得，但是大客户的获得却不容易，往往需要加入一些有档次的俱乐部。如果条件实在不允许，起码也要认识经常光临这些高端俱乐部圈子的人，这样就能直接或者间接地收获到高端客户的信息。此外，最好掌握几项为社交创造条件的技能，比如高尔夫、保龄球等，这些都是结识大客户的社交利器。

第四，长期培养。

有时候大客户虽然很早就认识了，但是很难和他们做成生意，因为他们会谨慎考虑与谁合作，不会轻易和不太熟悉的销售员发生关联，这就需要在未能产生交易意愿之前就多多联系，保持基本的沟通和情感培养，千万不能像对待普通客户那样，话里话外都是营销。因为大客户对这些套路都比较熟悉和敏感，销售员完全可以从纯粹的社交角度和对方建立关系，这样就能弱化对方的戒备心，当他们真正需要你的时候就会给你创造机会。另外，即便大客户本人无法和你交易，但如果你们的关系趋向良好和稳定，他也可能介绍给你新的大客户资源。

具体到大客户公关上，如果你能了解客户80%的信息，比如个性、爱好、家庭阅历等，那么在销售的时候或许只需要投入20%的精力就能实现和投入80%精力同等的效果，这就是事半功倍。

第五，尽量通过创新满足大客户需求的价值。

虽然销售员的公关费用可能是有限的甚至根本没有，但不应当放弃借此开拓市场的必要性。销售员可以向上级反馈客户对产品和服务的要求，让生产商通过改进产品来满足大客户的需求。因为销售员是直接接触客户的群体，有时候比产品经理更了解客户对产品的现实需求，而这才是打造精品的关键。

第六，尽量给予大客户更多的优惠。

虽然不少厂商都有回馈大客户的优惠政策，但这并未真的满足大客户的实际需求。有些大客户对折扣可能并不满意，或者是竞争对手给大客户更优惠的价格，而销售员对于这些信息通常更敏感，所以应当站在客户的角度向上反馈，给出更高的优惠力度，同时也可以改变优惠的方式，比如从打折变成买N送N，满足大客户对产品数量的需求而不是价格的让步。

第七，帮助大客户解决困难。

客户和销售员关系的好坏，并不完全取决于交易过程，在交易之外的现实生活中也同样重要。作为销售员，如果能为客户解决实际困难，远比拿下一单更有升值空间。

1992年，当时在国内默默无闻的华为，拓展每一个大客户都十分困难。一位华为驻某地的销售办事处主任，为了打入一个县城的电信局，就找到了主要人物，一面和对方保持接触，一面留心观察他们的举动。后来发现那位大客户正在考驾照，而当时的练习用车很少，要等一年多才能排上，而最好的汽车是北京的202吉普车。办事处主任得知这个情况后，千方百计托关系借了一辆崭新的小轿车，然后将汽车开到客户家中让他练习。由于当时刚下过雪，练习场里十分泥泞，办事处主任主动脱了鞋跳进泥坑里推车，让客户十分感动，最终让华为的产品成功打入了县城。由此可见，能够为客户解决燃眉之急，就能轻而易举地获得他们的好感与信任。

第八，强化大客户的价值感。

对待大客户一定要从细节入手，让对方的自尊感不断强化，千万不要只在需要对方的时候才表现出恭恭敬敬的态度，这样只能引起对方的反感。

大客户攻坚的确比普通客户更难，而且容错率也更低，因为大客户原本就是稀缺资源，所以对于新人销售来说，大客户可以作为一个远期的目标和技巧，在脚没站稳的情况下还是从普通客户开始，当各种条件都趋于成熟时再去着手行动，不可操之过急。

5. 跨栏定律：困难越大越易激发潜力

生活中我们存在一种认知，即如果某个器官患病了，那么肯定会处于糟糕的状态，导致身体机能变差。不过经过医生长期的临床观察发现，患病的器官反而比其他健康的器官功能更强。比如肾病患者的肾要比正常的肾更大，于是人们将这种现象解释为，患病器官和疾病作斗争时会不断强化自身的功能。后来，人们将这种现象总结为跨栏定律，简单说就是一个人成就的大小和他遭受的困难程度相关。

国外有一句谚语：如果这件事毁不了你，那它就会令你更加强大。对于销售员来说，每卖出一件产品都是不容易的，因为每一个客户都各有攻坚的难点：有的脾气不好，有的沟通能力较差，有的自己都不知道要什么，有的耳根软被家人操纵……所以这些困难是永远存在的，销售这个岗位的意义就是为了解决这些问题。那么，通过"跨栏"能够给我们的销售工作带来哪些好处呢？

第一，在哪里跌倒就在哪里爬起来。

对销售员来说，意外的情况永远会发生，而且通常不请自来，比如竞争对手突然抢走了客户，客户临时改变主意违约了，再或者是产品供应链出现了问题……这些都能影响销售业绩，甚至是生存的饭碗。但是我们应当知道：产品不是一天就能卖光的，总需要时间慢慢来，客户也不是只有那么几个，我们总能开拓到新的客户渠道，而竞争对手也不会永远抢在我们前面……只有心怀这种态度，我们才不会被突如其来的厄运击败，坚强而从容地站起来。

爱德华是一家上市公司的创始人，他的成功之路却布满了荆棘。原来，爱德华出身穷苦，是靠着卖报纸和开杂货铺起家的，然而就在他事业小有成就的时候却接连遭遇厄运，先是遇到了经济危机，导致全部财产因为银行倒闭而瞬间消失，还由此背负了16万美元的债务，就在这时他又被医生宣告只能活两个星期。然而，爱德华没有放弃，他打破了厄运的诅咒，挺过了所谓的最后两个星期，把每一天都当成是余生的最后一天，拼命工作，最后获得了成功。

第二，越大的困难越会让我们获得成就。

有些销售员或许存在着自卑心理，认为自己无论怎样努力都比不上出色的销售大师和销售精英们，所以只满足于一些蝇头小利，不敢攻坚大客户，不敢去挑战大订单，结果逐渐让专业能力萎缩，只能处理一些并不棘手的生意，自然也就谈不上有出色的业绩了。其实，那些所谓的优秀销售人员，都是在不断的历练中才成为王者的，只要你能像他们一样坚持目标，也会有不俗的发展。

史蒂芬·威廉·霍金1942年生于英国牛津，他天资聪颖，先后毕业于牛津大学和剑桥大学，获得了剑桥大学的哲学博士学位。然而在他21岁的时候被确诊患上运动神经元疾病，导致身体几乎全部瘫痪，只能依靠对话机和语言合成器与别人交流，在他余生的46年中一直就在轮椅上渡过。然而，霍金没有被这种致命的厄运击败，反而一头扎进了物理学的圣殿中，最后成为当代最著名的广义相对论和宇宙论专家。

作为销售员，想要借助"跨栏定律"让自己的工作更加精进，就要遵循三条法则。

第一，树立清晰的销售目标。

跨栏的目标是前方的终点线，销售员也应当设定一个目标，这个目标不能是笼统的、模糊的，比如成功、突破等，而是卖出多少件产品，或者收获多少利润，有了这个具体的目标，才能制订出如何实现的战略战术计划。而且，有了目标的人才更容易发挥出足够的动力，只要能长期坚持下来，就能从小目标开始最终完成更大的目标。

对于销售员来说，目标应该被细化，要分为长期的、中期的和短期的，这是根据自身的职业发展和能力养成来制定的，如果只树立一个大目标却没有小目标，很难找到用力的方向，也会给自己形成巨大的压力，从而减少自我激励的机会。因此，销售员要把自己的销售任务或者其他工作内容划分为不同阶段、不同量级的目标，这样才容易各个击破，而每一次成功对自己都是强力的鼓励。

第二，制订周密的计划。

计划是销售员完成任务的行动指南，它能帮助我们提高成功的概率。根据国外某研究机构的调查数据显示：制订计划的人的成功概率是不制订计划的人的3.5倍，在那些已经达成目标的群体中，提前制订计划的人高达78%。由此可见，一个人仅仅是树立目标是不够的，还必须严格遵循计划去完成它，才能在挑战挫折时提高胜率。

第三，强化执行力。

目标和计划有了，接下来就是如何行动了。没有行动的宏远目标和周密计划是毫无意义的，作为销售员应当坚持不懈地努力，要学会在执行的过程中督促和鼓励自己，避免被挫折吓退，这样才能保持战斗的欲望，才能凭借自信去完成每一个需要落实的细节。

销售的道路上困难重重，关键在于你如何去看待它们，如果你用心去克服，就能将困难变成业绩，因为挫折越大意味着机会越多。如果你把困难仅仅看成业绩的终结者，那么即便是一个很不起眼的小障碍，也会挫败你的斗志。我们必须要做一个勇敢的"跨栏者"，尽量让自己跳得更高。

6. 斯通定律：将心比心，以情换情

《伊索寓言》中有这样一则寓言：太阳和北风打赌，比谁能让人们先把大衣脱掉。太阳用温暖的光照在人们身上，人们热汗直流便脱掉了大衣，而北风使劲地吹着人们，反而让人们将大衣裹得更紧了。这则故事告诉我们一个道理：只有温柔以待，别人才愿意主动敞开心扉。

让他人敞开心扉，这对销售员来说听起来有些"意外"，因为人们的传统观念应该是让客户的钱包敞开。其实这只是最初级的营销目标，一个成功的销售员应该能从情感入手去拉近和客户的距离，是否能做到这点取决于你的态度。

美国"保险怪才"斯通提出了一个斯通定律，意思是相同的事情如果用不同的态度去做，那么结果也会不同。这就是西点军校常说的"态度决定一

切"。听起来它是一句有些鸡汤的话，其实是对现实生活的准确总结，因为做事的态度确实能够激发不同的力量。

作为销售员来说，如果营销失败了不要将责任推在顾客、同事、对手身上，而是要反思一下，你为此究竟付出了多少，是全力以赴还是敷衍塞责，这些都决定了你的成败。

我们有理由相信世界上没有做不好的事情，只有态度不好的人。态度是一个人热情与活力的迸发点，好的态度才有积极的驱动力，才能让内心变得强大而不会被困难吓退，哪怕是遭遇几次挫折之后，仍然心存必胜的信念。

中国古语中就有"世上无难事，只怕有心人"的训诫，这意味着我们要做任何事情都要下定决心，只有当我们认真去做的时候才能给人生一个相对圆满的交代，不会愧对自己。毕竟，努力未必会带来成功，但不努力肯定不会成功。

作为销售员，要想在态度上获得突破，就要学会"将心比心，以情换情"，这是一个需要从根本上确立的态度，能够让你以真诚的态度去面对客户并取得对方的信任，因为态度不同了，客户的感受也就不同了。当你耐心地听取客户的意见、感受和忧虑时，你才能站在客户的角度帮助他们解决问题，客户才会把你当成理解他们的人。

第一，多倾听。

想了解客户的情绪，有时候单靠一个眼神或者一个手势并不容易，能做到这种解读程度的已经是共情能力大师了。所以，对于共情能力偏弱的销售员来说，多倾听就能从客户的只言片语中挖掘到对方的某些信息，经过加工和总结，你就能窥测出对方的心理状态，这时再去和对方沟通就容易获得对方的信任，为后面的销售工作做好铺垫。

第二，偶尔显出真性情。

想要真实地和客户以情换情，就不能一味被动，要学会适当主动地让自己的真情流露出来，这样客户才能感知到你的喜怒哀乐。换个角度看，如果你面对一个永远隐藏着情绪的销售，你如何能感受到对方是一个有血有肉的人呢？所以，当我们偶尔对客户流露出一些小抱怨、小无奈的情绪之后，反而会让客户了解我们的真实感受，这样就更容易和对方建立情感连接。

第三，走情感路线。

人和人的交往，有时候是偏向利益层面的，但这并不影响我们和对方进行情感上的共鸣，走情感路线是产生共鸣的最佳途径。打个比方，你和一个在单亲家庭长大的客户交谈，那么你可以以此为切入点，向对方介绍一个针对单亲家庭的保险计划，即便对方从来没买过保险产品，不懂投入和收益的计算方式，也会从"单亲家庭孩子"的角度理解保险计划隐含的社会意义，也会乐于听你描述产品，因为对方已经在情感上处于"不排斥"的状态了。

需要注意的是，销售员不能为了将心比心而做出盲目的行为，要懂得注意三个要点：

第一，保持基本的个人素养。

有些销售员不畏惧和客户打感情牌，但是过于"自来熟"，刚一见面就不管不顾地乱说一通，这其实是缺乏教养的表现。沟通是一种技能，说话有分寸是一种教养。尤其是为了营销而打断对方谈话的行为更是缺乏基本的社交礼貌，只能让客户嫌恶你。所以，想要和客户保持良好的关系，要学会察言观色，找寻一个恰当的机会去沟通感情，这样才能建立基本的好感。

第二，不要高估自己。

有些销售员面对陌生客户时想要通过表现自我吸引对方的关注，这个思路没错，但切忌用力过猛，一旦让对方觉得你"好为人师"，好感度自然骤降。正确的做法是，销售员要在交谈中合理地表达，不要用教导式的口吻和客户沟通。

第三，不要絮絮叨叨。

有的销售员以为唠家常是能够拉近关系的套路，结果变成了喋喋不休的生拉硬拽，这会让客户感到不适。特别是不熟悉的客户，他们会本能地认为你的絮叨是异常表现，代表着你有求于他，反而会生出警戒心。所以，"重要的事情说三遍"这种"至理名言"并不适合与客户交流。

斯通定律给销售员的最大启示是，要先将客户当成一个可交往的好友，而不是可赚钱的资源，这样对方才能感受到你的诚意，也不会把你认定为想要赚他钱的人。当双方对彼此的认识回归到正常的人际关系中时，才能有利于交易的达成。

7. 奥新顿法则：必须抓住客户的心

做生意需要照顾好客户，抓住客户的心才能获得更大的市场。美国奥新顿公司曾经总结出一条奥新顿法则："照顾好你的顾客，照顾好你的职工，那么市场就对你倍加照顾。"

奥新顿法则的核心有四条：第一，商战获胜的关键是抓住客户的心；第二，优质的产品、服务和公关等于成功；第三，和客户沟通的前提是有效的宣传；第四，只有用爱和真诚才能吸引客户。

奥新顿法则在生意场上得到了广泛的应用，让很多商业人士都认识到抓取客户的心的重要性，不过这只是奥新顿法则的初级应用，更深层的理解是应当照顾好客户的心。打个比方，你用自身的魅力吸引了一个女孩和你交往，这只是第一步。第二步是如何让她对你产生安全感和依恋感，懂得照顾她的心情，让她产生能够托付终身的想法。

一所大学门口有几家豆浆店，竞争非常激烈，生意不稳定，然而有一家却人满为患。经过观察发现，这家豆浆店并非在价格和品质上有特别之处，而是在服务上非常贴心：其他店只能在豆浆里加白糖，而这家店却同时提供多种口味的糖；因为白糖对声带有滋润作用，所以会提供给老师们；把有补血作用的红糖送给女生们……如此周到细致的服务，自然吸引了不少客户人。此外，这家豆浆店还将豆浆上的豆皮层送给年纪大的老客户作为营养品，把磨豆浆剩下的豆渣送给穷苦人。综合了这么多贴心的服务之后，积累的客户自然超过了其他豆浆店。

当今社会，消费者变得越来越精明了，他们购买一件产品已经不再局限于产品本身，而是产品附带提供的服务，这些服务是否足够人性化，将决定他们的购买欲望是否强烈，以及对该品牌的忠诚度是否持久。因为越是贴心的、人性化的服务，越是能让客户和商家产生情感共鸣，从而形成竞争优势。

其实，照顾客户的心原本不是一件难事，只是很多销售员急功近利，对待客户抱着杀鸡取卵的态度，能哄骗就不手软，能强卖就不犹豫，结果只能是满足了短期的利益需求，却无法真正与客户产生深度的连接。因此，想做长线生意，想要维系住老客户，就不仅要学习如何卖东西，还要学习如何"收买人心"。

第一，学会认同客户。

对销售员来说，客户说的未必是正确的，你可以在心里不认同，但不能说出来。倘若客户提出和你相反的观点，你一定要抓住机会表示认同，因为这才是博得对方好感的关键，让客户认为你们有着相近的价值观。当然，这不是让销售员无原则地屈从客户，而是在认同他的观点之后，再委婉地表达自己的看法，这样就不会显得太生硬和直接。

第二，学会模仿客户。

心理学有一个"自己人效应"，是指对方认为你和他是同一类型的人，由此会在心理和感情上更靠近你。如何产生这种感觉呢？最简单的办法就是模仿客户，当然这不是小品中取笑式的模仿，而是保持和客户相似的语速和肢体动作，这是一种无声的表达，能够让客户消除排斥感。当然，这种模仿要尽量自然，要让客户认为你本来就是这样的人，否则会觉得你在嘲弄他。

第三，表达共同兴趣。

心理学上有一个名词叫"相似吸引"，是指人与人因阅历、爱好、生活方式等方面有共同之处而相互吸引的心理现象。事实的确如此，我们总是愿意和自己三观相近的人交往，也更容易信任对方，所以中国有一句老话叫作"投其所好"——只要找到对方的兴趣点，就容易拉近关系。同样，一个销售员如果和客户在某些兴趣上接近，自然就容易说服对方购买产品。

第四，证明给客户看。

如果客户对产品或者服务提出了自己的看法，那么销售员一定要正面作出回应，不管你是否能完美解答都不能刻意回避，因为这既是对客户的尊重，也是证明你具有职业操守的表现。很多时候，客户总会说出"如果你说的都是正确的，那就证明给我看"这样的话，这代表着客户对你产生了疑虑，只有解决这个问题才能化解隔阂，抓住客户的心。

第五，多谈对方了解的事情。

有些销售员在选择话题时会陷入误区：认为自己熟悉和喜欢的事情，客户也会了解，其实这是心理学上的"投射"现象：个体将自己存在的心理行为特征投射在他人身上，认为他人也存在同样的心理。即便是身边熟悉的同事、同学和朋友，也会因为工龄、专业、分工等因素存在着不同的知识储备，如果只谈自己感兴趣的事情，就会偏离营销主题。

第六，不要涉及敏感话题。

常言道：见什么人说什么话。其实就是提示我们要在聊天时保持和对方接近的观点，至少不能太过冲突，因为一旦观点对立，会让你们之间的关系变得有距离感。当然，我们在建立这种话题之前，往往并不知道客户的观点是什么，这就需要我们具备引导话题和优化话题的能力，要让话题充满开放性，不要在陈述观点时过早下结论，不然对方有观点也无法表达。

一个合格的销售员，是一个懂得讨客户"欢心"的人，他们能够用客户的思维和情感去衡量产品和服务对自己的重要性，然后再以销售思维去打动和说服客户，从物质和精神两个方面透视客户的需求，解决痛点，直击要点，这样才能真正抓住客户的心。

第三章

7种常见的消费心理

1. 至尊心理：我是顾客，我就是上帝
2. 从众心理：大家都有的我也要有
3. 猎奇心理：我要走在潮流前沿
4. 戒备心理：我才不信你们做销售的
5. 盲目心理：名人说的都是对的
6. 趋利心理：只要占了便宜就行
7. 逆反心理：越不让我买，我越要买

1. 至尊心理：我是顾客，我就是上帝

"顾客就是上帝"这句话流传了很久，虽然现在有不少人认为这种描述并不准确，顾客和销售员应当是平等，而且市场中的买卖关系并非都是买方市场。不过对于大多数消费者来说，他们怀有这种念头是普遍现象，毕竟在物质极大丰富的今天，作为消费者的选择余地越来越大，存在唯我独尊的心理实属正常。

作为销售员来说，有限度地迎合顾客仍然是基本守则，因为如果你不善于讨好顾客，你的客源很可能会被竞争对手抢走。如果把顾客看成是"鱼"的话，销售员就应当像鱼那样思考，才能把鱼钓到自己的鱼篓里。

有的销售员存在错误的认识，他们想要"钓鱼"，于是就把自己想象成"渔夫"，思考着如何去抓鱼。看起来逻辑上没问题，可如果对比渔夫和鱼就能知道，还是鱼更了解自己，学会像鱼那样思考才能钓到更多的"同类"。

有一句话叫作"我们很平凡，但常常太把自己当回事。"事实的确如此，生活中有不少人将自己看得很重要，同时也希望对方尊重自己。从心理学的角度看，这是一种正常现象。每个人都渴望因为出众而受到尊重，这是

推动人类社会进步和每个人努力上进的根本动力。

自尊也叫自尊感,是人们基于自我评价产生的一种自重、自爱,同时要求得到他人、集体社会尊重的情感体验。自尊有强弱的区别,如果过强就会变成虚荣心,如果太弱就会变成自卑。可以说,每个人在潜意识中都希望维持自己的人格和尊严不被别人侮辱,自尊心对于人们来说有时比生命还重要。在某些时候,自尊感会演变为至尊感,也就是更为强烈的自我认同和自我价值感。

不过,因为现实的残酷性,多数人终究是普通人,当他们无法在社会上获得这种满足感时,就会通过家庭、朋友圈甚至内心的想象进行满足,而购物也是一种自我满足渠道。毕竟当你揣着钱去选购某个商品或者服务时,决定权在你手中,而卖方又会笑脸相迎,这种满足感可以弥补在社会地位上的落差。

当我们了解了人类对至尊感的需求心理之后,不要认为它是横亘在我们和客户之间的障碍,而是应当把它当成和客户沟通的手段,因为当客户在和你的接触中获得了至尊感以后,就很容易产生或坚定购买的意愿。

乔·吉拉德被人们称作"世界上最伟大的推销员",在他的职业生涯中,无论面对多么难缠的客户几乎都能完成交易,他有一条最重要的制胜法则就是满足客户的至尊感。一天,一位女士来到吉拉德的汽车展销室看车,吉拉德在和她闲聊的过程中得知,她想要购买一辆和表姐同款的福特汽车,但因为福特车行的销售员临时外出,所以才上吉拉德这里转转。此外,吉拉德还得知今天是这位女士55岁生日,他马上向同事交代了一些事情,这才来到女士身边说:"夫人,您喜欢白色车,现在又有时间,我可以给您介绍一款我们的双门式轿车,也是白色的。"女士本打算购买福特汽车,自然没有表态。这时,吉拉德的同事捧着一束玫瑰花回来,吉拉德将花亲手交给女士并祝她生日快乐。这位女士异常感动,她说很久没人给自己送过花了,还表示其实福特车行的销售员并不是真的有事，而是觉得她买不起新车，所以才借故走开，而她也并不是执意要买和表姐一样的汽车。于是，在吉拉德的推荐下，女士全额付款买下了推荐给她的那辆车。

吉拉德自始至终都没有劝妇女购买自己推荐的车，但是他却满足了对方渴望被关注和关爱的潜在需求，这才轻而易举地完成了交易。相反，如果吉拉德只把沟通的重点放在如何售车上，那位女士必然会提高戒备心理，反而会强化之前购买福特汽车的意愿。

其实，"顾客就是上帝"并非销售员自轻自贱，它只是真实地表达了消费者在购物时的心理诉求，这种需求往往和产品、服务本身无关，而是在交易的过程中是否得到足够的尊重，这种满足感在某种程度上超过了产品和服务本身带来的快感。无论是成功人士还是普通人，他们都希望自己的购买行为可以换来销售员的热情和尊重，这样才能强化他们的自我价值感。

在满足顾客至尊感的时候，需要注意三个问题：

第一，不要因为社会地位不同进行区分。

有的销售员或许会认为，社会地位高的人在购物的时候至尊感的需求不会那么强烈，反而是普通人更有这个需求。其实这是一种误区，因为社会精英购买的产品和服务通常也是昂贵的，他们同样需要在消费的过程中延续平时获得的被关注感。对于普通人来说，他们同样不会因为平时缺少被人追捧而习惯被人忽视，而是会生出更迫切的被满足的需求。

第二，不要因为年龄不同进行区分。

无论是未成年人还是成年人，他们都有着被人尊重和崇拜的渴望，从某种程度上讲，未成年人或许更强烈一些，因为当他们独自购物时，内心勾画的是自己已经长大成人、步入社会的愿景，如果感受不到至尊感的满足就会弱化消费的欲望。

第三，不要因为亲疏远近进行区分。

有的销售在同时接待熟客和生客的时候，因为精力有限，往往会把重点放在生客身上，他们认为熟客的忠诚度较高，不会太在意自尊感，而生客是最需要建立好感和信任感的。其实这是本末倒置的做法：当你在用心服务生客的时候，熟客自然会觉得被冷落，而生客未必会吃你这一套，其结果可能是两头都不讨好，所以要在先确保熟客没有想法之后再去照顾生客，这样起码能留住原有的客源。

销售员出于自尊心的需求，可以不必真的将顾客顶礼膜拜为上帝，但是应当由内向外地表现出对顾客的尊重。这种尊重不是表面上的礼貌或者逢迎，而是一种细致入微的、作用于对方内心深处的社交方式，有时候为了充分照顾顾客的至尊感，甚至可以暂时中断或者弱化营销行为，这样才能腾出时间和精力去打感情牌，也能给予顾客更真诚的购物享受。

2. 从众心理：大家都有的我也要有

心理学有一个名词叫"羊群效应"，指的是经济个体跟风的普遍现象。为什么是"羊群"呢？因为羊群在自然界是缺乏管理的组织，一旦有一只羊乱动起来，其他羊也会跟着一拥而上，根本不顾旁边可能存在的危险。

如果把客户看成是羊，那么很多客户会因为缺乏独立自主的消费观念而盲目地和他人攀比，这就是从众心理。从心理学的角度看，从众心理的负面影响大于正面影响，不过在消费主义观念盛行的当下，从众心理几乎无处不在，大多数人都会或多或少地受到某些影响，特别是在生活水平不断提高之后，很多人更加重视基本消费以外的需求，当然这也是社会发展的必然结果。

当年暴发非典疫情的时候，民间谣传板蓝根可以对抗病毒，于是板蓝根被卖得脱销；在日本核泄漏的时候，食盐被买到断货。在从众心理的驱使下，人们往往会在非理性状态下做出疯狂的举动。由此可见，如果我们能够在不违反职业道德的前提下，合理利用这种从众心理，就会让销售业绩扶摇直上。

日本有一位著名的企业家叫多川博，他是经营婴儿专用尿布的成功商人，每年的销售额高达70亿日元，被称为"尿布大王"。不过，在多川博刚开始做这一行的时候业绩并不理想，虽然经过他统计日本每年会出生250万婴儿，也采用了最新科技制作出了品质很高的尿布，却没想到无人问津。经过思索之后，多川博让员工假扮成客户，排队到他的门店里购买尿布，很快就有人好奇地问这是在买什么，于是就营造出了尿布热销的繁荣场面，而那些真正需要尿布的客户也因为从众心理主动上门购买，多川博终于打开了销路。

从另一个角度看，从众心理源自群体压力。群体压力是指"别人有了我也要有"，具体来说，当一个和你收入水平差不多的人购买了一部几十万元的汽车，那么对你来说如果购买十几万元的汽车就会增加压力，降低你对自己的评价。一般来说，女性客户的从众心理会更强，性格内向的人从众心理更强，文化程度低的人从众心理更强，年龄小的人从众心理更强。所以，销售员应当针对这些特点有选择地利用从众心理完成销售目标。

虽然从众心理很有效，但销售员应当知道这是建立在产品质量好的前提下，如果只是用次品去怂恿消费者购买，是不会带来长远的经济效益的，反而会砸了你的招牌，甚至承担法律责任。那么，怎样才能正确引发客户的从众心理呢？

第一，用数据展示。

销售员要在平时养成做销售记录的习惯，这不仅有利于总结销售经验，也能够起到说服客户的作用。比如你想要推荐某一款产品时，拿出销售记录给客户看，客户才能了解现在的大众消费偏好是什么，自然就容易被触动，而且还能通过销售记录上的售价暗示客户：这已经是最低价了，不能再便宜了。当客户认真看了记录后，通常都会打定主意购买。

第二，讲述真实案例。

销售记录表虽然是比较可靠的说服方法，但是它毕竟过于数字化，不够形象，有时候对客户的说服力并不大，因此销售员要想激发客户的从众心理，还可以举一些真实的例子，当然最好是目标客户认识的或者听说过的人。这个对象不能距离他太近，因为他可能了解对方很多内情，导致攀比的欲求太弱；但是又不能距离客户太远，因为那会让他们无法代入。所以最常见的办法就是用和他处于同一层次的人进行对比，虽然客户可能不认识参照目标，但心中会有一个社会等级的参照图表，就会不由自主地进行比较。需要注意的是，销售员为客户设定的参照人群一定是有竞争力的人群，也就是说让客户感受到某种压力，千万不能选错了对比目标，比如低于客户所在层次的，这样只能让客户满足现状，产生优越感，不会再改变之前的消费意向。当然，销售员不能为了业绩故意编造事例，这样做既违背职业道德，也容易在编造的过程中出现漏洞，影响自身的信誉度。

第三，产品展示。

有些客户或许不爱听故事，也对数字表格没有兴趣，所以销售员不如直接向他们展示产品，这样反而能激发他们的感性认识。不过这种展示应当尽量巧妙，也就是不要直接推荐给客户，因为这样和激发从众心理就没什么关系了，而是应该将热销品放在客户容易注意到的位置上，客户很可能会多看几眼，这时候进行再介绍，就能让客户明白这是最近大家都在购买的产品。这里还有一个小技巧，如果客户对热销品表示出几分兴趣，销售员可以告知那些是预定好的，并非现货，客户的购买欲望落空，反而会被激发出更强烈的占有欲。

第四，抬高客户身价。

攀比是一种心理游戏，跟人的主观情绪有直接关系，也就是说情绪处于波动状态才会有攀比的欲望，实现这个目标的直接办法就是提高客户的身价。身价提上去了，客户才愿意进入这场游戏。当客户的身价被抬高之后，他们就会产生一种认同错觉，认为自己应当购买比实际消费能力偏高的东西，从而满足内心的潜在需求，而当别人认同了这种身份之后，他们出于维护自尊的目的也会维持这种攀比心态。

第五，提供不同价位的产品。

既然要让客户攀比，就要让对方知道哪些东西昂贵，哪些东西廉价，这样才能产生对比效果。为了达到这个目的，销售员可以尝试在销售区域内让客户看到不同价格的展示品，这样他们才会因为购买昂贵的商品而满足了虚荣心，如果销售员再加上几句话就更有效果了："您看，买就买个过得去的，这一款虽然便宜不少，但都是对生活品质没什么要求的人，也不符合您的消费定位，而这一款虽然贵一些，但是物超所值，买的人也不少，而且档次也上去了，您的亲朋好友看到了也会认为您注重生活质量……"利用这种话术对客户进行开导，能够让他们对购买廉价品的需求降到最低。

第六，利用"威望效应"。

"威望效应"是从众心理的"孪生兄弟"，它是指社会地位高、影响力大的人的消费行为会影响大众消费者，这就是为什么很多企业都高价请明星代言产品打广告的根本原因。如果我们对这个心理效应稍微改造一下，可以用你所销售的产品的代言人作为说服客户购买的动力。如果你的产品没有明星代言，也可以退而求其次，用相对有身份的客户作为案例，让客户认为：原来那个大老板也买了这个，看来这东西应该不错。这样也能让客户快速作出决定。

从众心理会让客户从理性消费走向感性消费，但它并非一种不道德的营销手段，因为很多时候客户没有选择你的产品或服务并非它们不好，而是客户并不了解或者还没有意识到自己需要它们，而销售员就需要借助从众心理去引导和激发这种购物需求，切勿把从众心理转化为欺骗客户的行为。

3. 猎奇心理：我要走在潮流前沿

如今我们生活在一个个性化的时代，物质文化和过去相比变得丰富多样，社会对不同的文化心理包容度更高，于是人们纷纷走上了个性解放的道路。在个性解放的拥趸中，有的人是出于内心的真实需求，而有的人则是一种反从众心理。

反从众心理其实就是猎奇心理，它指的是人们对新奇事物和现象产生注意和爱好的心理倾向。自从人类诞生了消费行为之后，总有一部分人不按套路出牌，他们的消费态度不是别人买什么我就买什么，而是专门选择平时很少见的事物，他们对产品和服务的质量本身不是很在意，反而在意的是外观、概念、噱头或者功能等，归根结底，他们希望在购买"奇货"的同时获得新鲜的乐趣和刺激。

一般来说，年轻群体的猎奇心理是比较强烈的，而年纪稍大一些的人则比较守旧和封闭，所以销售员在利用这种心理现象时需要划清适用对象。也许你会觉得"猎奇"就是提出一些稀奇古怪的要求，这不是给交易造成麻烦吗？事实并非如此，当人们受到猎奇心理操控时，关注点在外，这个点并不需要多复杂，有时候可能是和传统观念稍做改变即可，而客户一旦认定它存在着新奇的特点之后，往往会不假思索地进行消费。

当然，如何制造新奇是一门学问，你可以简单地制造，也可以具有一定的深度。最简单的新奇点制造往往体现在宣传上，比如网络上的标题党们，他们可以把《葫芦娃》的故事简介成为"七个小男孩和一个女人的故事"来吸引眼球，同样有些人也用在商品营销上，不过这种新奇点的设置比较初级，在受众发现被骗之后会降低对你的好感度，所以一般情况下不宜使用。毕竟从长远来看，这是一种自毁形象且浪费客户时间的做法，不利于品牌美誉度和销售员个人诚信度的构建。所以，我们要创造的新奇点必须有一定的生命周期，最好能形成一种固定的、有效的营销机制。

雀巢在推出一款新咖啡的时候是这样宣传的：该款咖啡被藏在咖啡豆里，当粉丝点赞越多的时候，咖啡豆减少得越快，当达到一定程度之后就能露出新款咖啡的真容。这个极富创意的宣传正是抓住了消费者的猎奇心理，既起到了前期宣传的作用，又推动了后期的销售，而且因为大家都急于看清咖啡豆里隐藏的新款咖啡，所以会邀请亲朋好友点赞，起到了病毒式传播的效果。

无独有偶，有一家名为Perrier的企业，为了推广饮料产品在网络上发布了名为"Perrier夜总会"的视频广告，广告内容是舞者在夜总会狂舞，同时作出声明：看的人越多广告的内容就越劲爆，结果很快点击量达到了一千多万。

上述营销案例的成功，都是抓住了消费者喜欢猎奇的天性，让消费者免费为产品做了广告,这是非常聪明的做法。有些销售员低声下气地用礼品和折扣吸引消费者,效果反而不好。所以最佳的营销策略是让消费者为商家主动传播,用人类的某些天性和本能去引发消费行为。

那么,怎样才能最好地制造猎奇心理呢?

第一,制造卖点。

营销学有个名词叫作卖点营销,是刺激消费者购买欲望的一种手段。通常,产品的卖点分为两种,一种是凭借专业的语言和演示才能表现出来,还有一种是依靠消费者易于理解的方式展示。准确地讲,卖点具有强烈的排他性,也就是两个同类商品不能具有相同的卖点,这个卖点就是引起消费猎奇心的关键。卖点一方面是与生俱来的,另一方面是通过包装和策划人为加上去的。对于第一种卖点,基本上不需要投入过多精力,只要适当地展示出来就可以了。对于第二种卖点,销售员需要花费心思展示给客户,突出一个"奇"字。

打个比方,你是卖雨伞的销售,如果该雨伞自带"黑科技"的话,直接介绍就能引起客户的兴趣。如果就是一把普通的伞,你可以告诉客户:"我们通过后续了解,发现购买我们雨伞的人总能在雨天遇到有情人。"这话虽然不是陈述事实,但也是基于一种希望人人都能找到幸福归宿的正常心理,如果再加上一些客户的照片、文字留言等信息,就能激发客户购买一试的心理。

第二,学会讲故事。

美国有一个叫作施丽兹的啤酒品牌,在20世纪20年代和十几个品牌竞争,业绩并不突出,在市场竞争中位列第8。当时很多啤酒的宣传语都是"我们的啤酒最纯",却没有对消费者解释什么是"纯"。后来,施丽兹啤酒聘请了一个市场行销顾问,到酿制厂实地考察,得知施丽兹是从百尺深的自流井中取水酿酒,还开发出了最好的酵母,口感非常不错。于是,行销顾问对施丽兹的管理层说，应当将这些独特的酿制方法告知顾客，然而施丽兹的管理层却认为别的对手也是这么做的，为何要特意宣传呢？行销顾问说，现在行业内没有人这样表达过，而第一个说出故事的啤酒品牌才能打动消费者。于是，施丽兹采纳了行销顾问的意见，在宣传中解释了"纯"的真正含义，将这个被同行忽视的重点转变为自己的卖点，仅用了半年时间就从排名第8位升到排名第1位。

第三，用奇特的产品做展示。

有些销售场景不适合设置悬念或者效果并不突出，那就不如将商品的差异化特点向客户展示出来，用新奇感去捕捉客户的探知欲和购买欲，往往也会有出其不意的效果。

国外有一个水果销售员叫鲍洛奇，有一次，他的老板交给他18箱被火烤过的香蕉，这些香蕉不仅外表焦黄，还带着黑点，很多顾客看上一眼就嫌弃地走了。为了保住自己的工作，鲍洛奇面对顾客大声吆喝："美味的阿根廷香蕉，风味独特，快来买呀，独此一家，过时不候。"这个新奇的品种名字很快吸引了一位顾客，因为他从来没听过阿根廷香蕉，于是鲍洛奇向顾客介绍：这种黑点和焦黄色正是阿根廷香蕉的特点，为了让对方相信还剥了一根香蕉给他，顾客觉得味道独特就购买了一些，最后18箱香蕉被抢购一空。

第四，加入足够的创意。

如果说广告是一种营销手段，那么在每个商家都认同这种营销手段的时候，谁的创意越好谁就越有市场竞争力。我国一直有"寻常豆腐皇家菜"的说法，食用豆制品虽然历史悠久，不过千百年来没什么创意，让不少消费者渐渐觉得无趣，后来，香港的一个商人在豆腐原料中加入了奶油、蒜汁以及咖啡等材料，然后用甜红椒、食用鲜花和绿茶分别调成红、黄、绿三种颜色，制作出了"三色"豆腐，让人看着就充满食欲，引起了不少消费者的青睐。因此，销售员不能只把"奇"看成是吸引客户的唯一手段，还要敢于在挑战传统的同时提升客户的体验感。

猎奇心理是驱动客户了解和购买产品的原动力，但这个动力需要掌控在合理的节奏上。销售员在展示商品的特性时，不要一看客户被吊起了胃口就忙着让对方掏钱，要给客户了解和试用商品的机会，才能循序渐进地刺激和强化客户的消费欲望，最终收获真金白银。

4. 戒备心理：我才不信你们做销售的

有一句话叫作：客户虐我千百遍，我待客户如初恋。的确，作为销售员总会遇到这种情况：自己微笑而真诚地对客户介绍产品，然而客户始终保持着戒备心，即便嘴上什么也不说，也会表达出一种"我不相信你"的冷漠态度。显然，客户已经先入为主地认为：销售员就是骗我的钱的！他们推荐的产品并没有说得那么好，很可能是夸大和美化了！

不轻信陌生人是人类的本能，销售员和客户的利害关系也摆在明面上：只有说服你掏钱，我才能赚钱。因此，除非是建立了充分信任感的熟客，否则面对一个不熟悉的销售员时，每个客户在购买前都会三思而后行。

用专业一点的词汇解释，客户的戒备心其实就是对消费风险的预估，这种预估不仅指向销售人员本身，也包含着对产品的风险预估：价格高于同类产品，效果可能没有预期那么好；如果买到了质量堪忧的产品，有可能得不到应有的补偿。

如果不能尽快消除客户的戒备心理，将会给销售工作带来很多麻烦，所以作为销售员应当尽快化解这种心理，这就需要在以下七个方面下足功夫：

第一，营造良好的外在形象。

陌生人之间的初次见面，第一印象非常重要，如果客户面对的是一个衣冠不整、形象邋遢的销售员，怎么可能相信对方能给自己带来专业、用心的服务呢？所以销售员必须时刻注意自己的穿着打扮，不仅要让衣服保持整洁，还要注意自己的形象是否符合职业要求，比如发型、服装风格以及言谈举止等。这些看起来是比较"肤浅"的设置，但对客户来说，一个初次见面的人只能通过这些外在的信号进行判断，所以细节上必须让客户放心，而这也是抵消客户戒备心理的开始。

第二，专业化的服务。

良好的外在形象是第一步，第二步是为客户提供专业化的服务，比如在介绍产品时能够流利地说出各种功能和参数，而不是磕磕巴巴或者含混不清，一旦让客户捕捉到这些信号，他们就会对你失去信心。当然，这种专业是建立在长期学习和磨炼的基础上的，作为销售员不仅要对产品本身足够了解，还要对整个行业有清晰的认识，尤其是对竞争对手的产品要有一定的感知度，因为很多客户会在选购时提到竞品如何如何，这时销售员要能客观合理地评价，而不是武断地抨击对方，这样只会强化客户对你的戒备心。

第三，不掩饰缺点。

一般来说，再优秀的产品也难免存在缺陷，如果销售员刻意隐瞒，不仅是对客户不负责任，也很难获得客户的信任，特别是有购物经验的客户，他们很可能在购买之前就了解了你的产品，对它的优点和缺点都有一定认识，如果这时你对缺陷避而不谈，客户就没法相信你。因此，销售员应当坦诚地告知客户在购买产品后可能出现的风险，这样客户才会意识到：原来你并非只想赚我的钱，也关心我的安全。当客户有了这样的认识后，对你的戒备心会大幅度下降。

第四，帮助客户省钱。

有的销售员只推荐给客户昂贵的产品，却从来不考虑客户是否真的需要、是否有更经济实惠的替代品，而当客户察觉到你的这种套路后，他自然会坚定地认为你就是为了赚钱，那么彼此之间再也无法建立信任感。其实站在销售自身的角度看，卖出一件高价产品确实能抵得上若干件平价产品，但是从长远来看，这种忽悠式的营销只能让你一时获利，很难建立起品牌的信誉度和销售员自身的口碑，莫不如真诚地向客户推荐最适合于他们的产品，这样才能给客户最优质的购物体验。而当他们感受到你的诚意之后，很可能会向亲朋好友推荐这款产品，就能大幅度地拉动销量，同样可以增加你的收入。

第五，敢于承诺。

想要长期吃销售这碗饭，就要学会建立属于自己的人脉资源，所以要尽可能让每一个客户都成为回头客，而留住客户的最有效方法就是敢于做出承诺，让客户在购买产品或者服务以后不必担心没有下文，这样他们才容易和销售员建立黏度更强的交易关系。有的销售员只想着做一锤子买卖，怕客户找麻烦，所以不愿意做承诺，其实当客户和销售员接触越多的时候，也会给销售创造更多留住客户的机会。而且从职业道德的角度看，只管卖不管售后服务的行为是错误的，也无法让产品在消费者心中确立属于它的地位。更关键的是，当销售员敢于对客户做出承诺时，客户会更愿意与之合作，因为对他们来说，和一个信得过的销售员长期交易远比不断接触新卖家要更可靠。

第六，适当地活跃气氛。

当销售员和客户在谈论和商品、钱等无关的话题时往往很融洽，可是一旦交流的主题牵涉到双方的利益，彼此都会保持较高的戒备心理，让双方关系变得十分微妙。这时与其猛攻不如巧打，可以尝试讲个笑话活跃一下气氛，从而消除客户的疑惑和忌惮，当你们能够像朋友那样聊天时，你对产品的介绍才容易被客户接受，而对方往往也很难拒绝你。

第七，用足够的坚持让客户放弃说"不"。

有时候，销售员的态度也会影响客户的信任度。比如当客户不断地表示不想购买的时候，说出了若干个"不"，这时作为销售员不要放弃，而是应当冷静下来，分析客户拒绝的真正原因，而不是强迫客户去说"是"。当你找到了客户拒绝的原因，再积极地帮助他们解决问题，客户对你的抗拒态度也会随之转变。

戒备心看似是销售工作中的一大阻碍，其实这也从侧面反映了一个有利的信息：客户其实需要你的产品，只是因为对你和产品不够了解，一时间难以下定决心，所以销售员应当帮助客户打消这种顾虑，在彼此之间搭建良好的沟通渠道，迎接你的就是和谐融洽的交易了。

5. 盲目心理：名人说的都是对的

客户的消费很多时候是盲目的，他们自己也很清楚这种盲目，所以会选择让自己信服的对象作为"精神上的导购"——那个明星都买了，我为什么不能出手呢？通常，这个让客户信服的对象是知名人士，包括明星、专家或者身边的某些权威人士。

这种心理就是典型的名人效应。

名人效应也叫权威暗示效应，是指一个人如果位高权重，那么他所说的话就容易引起别人的重视并让人们相信其正确性。为何会有这种现象呢？因为人们认为名人、权威往往是社会大众的楷模，服从他们的选择会让自己具有安全感，会增加消费的保险系数。除此之外，人们对名人名家存在着一定的崇拜心理，喜欢模仿他们。

美国斯坦福大学心理学系的导师曾经做过一次实验：在一次授课时向学生们介绍一位外聘教师，他的真实身份是德语教师，不过导师却告诉学生他是来自德国的著名化学家。紧接着，这位假化学家小心翼翼地拿出一个空瓶子，告诉学生他发现了一种带有淡香气味的新气体，然后打开瓶盖问在场的学生，谁闻到香味了，结果全体学生都举起了手。显然，这就是在权威暗示效应下人们的感官都产生了错觉。

名人效应从根本上看，是消费者的一种盲目心理在作祟，销售员应当合理利用这种心理，让客户产生一种错觉，就能让销售工作顺利地展开。当然，这需要借助一些手段和技巧。

第一，巧妙利用名人代言。

如果你的产品有名人代言，可以在店面显眼的位置上摆出来，比如广告牌、易拉宝等宣传物料，能够让消费者一眼看到。如果你的销售场所空间有限或者是上门推销，那么就可以把宣传物料变成宣传画册、宣传页等便携的载体。当然，这些仅仅是视觉层面的，为了强化名人效应，你还应当在和客户沟通的过程中传递出名人代言的信息，当然不要太刻意，而是自然而然地夹带出来，比如："我们这款产品现在销量很不错，您也知道它是由XX代言的，所以质量方面尽可放心……"这种顺其自然的表述会让客户增加对产品的信任度，而如果过分强调则会让客户认为你们的产品除了代言之外一无是处，只会适得其反。

第二,合理"蹭热度"。

如果你销售的产品没有名人代言,那该怎么办呢?借用互联网上常用的词汇叫"蹭热度",也就是将名人和你的产品进行人为的关联。比如你销售的汽车并非某个名人代言,但是该名人曾经驾驶过,那就不妨把相关的照片或者信息透露给客户,也能产生权威暗示,当然这是一种私下沟通的方式,不能侵犯该名人的权利去做虚假广告。除此之外,你还可以借助名人说过的一句话把你的产品与之关联起来。打个比方,某个女明星说"女人再省也要对得起自己的脸",这句话显然是针对美妆护肤用品的,和品牌无关,所以你就可以利用这句话推销你的产品,从而增强说服力。

第三,学会讲"名人故事"。

有研究显示:用十倍的案例证明一个事实比用十倍的道理证明一个事实更有效。所以,一个会讲故事的销售员必定是一个成功的销售员,当然你所讲述的故事一定和某个名人有关。比如你要推销健身用品,就可以讲述一个名人健身的故事,而不必花尽心思去描述你的产品有多么好,因为在客户看来,如果某个名人通过健身获得了更高的社会成就或者更好的外在形象,这本身就有强大的激励作用,哪怕该名人没有直接说某某健身产品十分有效,但是已经通过行为进行了验证,而故事的说服力远超过产品参数,是最能让客户心甘情愿接受的营销方式。

第四,把你自己变成"权威"。

有时候,客户对远在天边的名人未必真的感兴趣,反而是近在眼前的销售员更有说服力,但是这需要进行适度的包装,也就是让销售员把自己变成权威人士,这样才能增强推荐产品的说服力。比如你可以在门店内摆放关于自己销售业绩的展示品,或者在和客户沟通的时候无意地表露出来,让客户觉得你非常专业,但要注意自夸的尺度不能太大,要尽量保持自然。

在使用权威效应进行营销时,要注意准确把握客户的心理,即客户是因为不知所措才愿意相信权威人士的，如果客户有一定主见，只是纠结于价格、售后或者产品的其他方面，这时候搬出名人和专家就不会有效果，反而还会让客户降低购买的意愿，因为他们意识到你未能用产品本身去打动他们。所以，销售员要能看透客户犹豫背后的真实原因。

一般来说，如果客户在意的是价格、产品功能等问题，销售员可以通过推荐其他产品进行试探。如果客户比较关注的是对比产品的价格和功能，那就意味着他们心中已经有了大概的选择方向。而如果客户的表述是模糊不清的，那证明他们并不知道自己想要什么，这时利用名人效应坚定他们的购买意愿，效果更好。总之，销售员必须学会察言观色，不要一开口就乱用营销手段，这样做很可能事与愿违。

在如今市场竞争日趋激烈的环境下，要想快速抓住客户，就要让产品在客户的头脑中占据一席之地，而巧妙地使用名人效应就是一种简单实用的方法，它不仅能给你的产品带来"光环"，也能让你在转述名人名言时变得更具说服力。

6. 趋利心理：只要占了便宜就行

我们不得不承认，这个世界上，虽然有很多道德高尚的人，但是这并不能排除每个人心中时隐时现的贪念，只是大多数人在道德和法律的约束下能够控制这种本性。然而，当人们消费时，这种贪念即趋利心理还是很容易被唤起的。不过，这种趋利心理对销售员来说并非坏事，我们可以利用它来完成营销任务。

作为销售员，合理利用人的趋利心理是一种高明的营销方式，但是不能利用它去欺骗顾客，因为这不仅违背职业道德，还可能触犯法律。那么，怎样正确利用趋利心理为销售工作服务呢？

第一，王牌法宝——"特殊照顾"。

所谓"特殊照顾"，是针对新老两种不同的客户，即新客户有新客户的优惠原则，老客户有老客户的内部折扣，作为销售员要区别对待。比如，对待新客户可以传递这样的信息：因为你第一次买我们的产品，我想保持这种愉快的交易关系，所以给了你连老客户都享受不到的优惠。同样，销售员对老客户也要传递类似的信息：因为咱们不是第一次交易了，所以我特别照顾你才给了新客户没有的折扣标准。当你面对新老客户能熟练地说出这些话时，不同的客户群体就被"分而治之"了，他们的趋利心理会以不同的方式得到满足，这样既留住了老客户，又争取到了新客户。

第二，推出"清仓""大减价"等打折活动。

当我们逛街时，总会看到一些商家打着"清仓大甩卖"的旗号吸引顾客上门，虽然我们知道有些商家并不是真的要搬走，也不是真的"大出血"，但是对很多消费者来说，这种老套的营销手段还是非常有效的，因为人们还是会忍不住去想：里面说不定有我需要的东西，既然卖家这样喊肯定也不贵。于是，一个、两个、三个甚至更多的消费者就进去了，转了一圈之后总能发现一些需要的或者不怎么需要但便宜的东西，最后，商家胜利了。

对销售员来说，如何营造出这种低价甩卖的情况呢？最简单的办法就是给产品的价格预留出空间，也就是说当你认为标价80元就能获得利润的时候，最好定价为100元，这样在减价和打折时就不会产生真正的损失。另外需要注意的是，选择一个合适的促销理由也很重要，我们可以用活动日、店庆日或者换季作为借口，也容易招来更多的顾客。

第三，利用赠品诱惑消费者。

即使你的产品不降价、不打折也不要紧，如果你能赠送一些有价值的东西，同样可以吸引消费者。现在一些药店经常采用的买药送鸡蛋活动，就是针对老年人的一种营销方式，因为鸡蛋是居家过日子的必备食材，买多了就当是储备了，谁都不会觉得浪费，所以这种营销手段经久不衰。同样，销售员也要先分析自己的目标群体，琢磨他们最需要的东西是什么，比如你的客户群体以年轻人为主，那么赠送耳机、充电宝这些东西就比较实用，客户看到实用的赠品自然就有了消费的欲望。

第四，假装吃亏。

很多时候，客户贪欲的满足并不在于真的占了多少便宜，而是卖方"吃了多少亏"，这种"掠夺"的快感往往是最刺激的，准确地说这种消费心理源于一种控制感。因此，当销售员让利给客户之后，不要作出一副无所谓的样子，这样对方会觉得索然无味，甚至觉得根本没有占到任何便宜。同理，也不能作出一副慈善家的样子，好像在施舍客户，正确的做法是摆出一副"遇见你我认栽了""吃点亏就当交个朋友"的态度，这样客户才会既觉得自己占了便宜，又没有让别人认为自己太贪心，从而在感情层面和你走得更近。

第五，适当使用饥饿营销。

相信一提到饥饿营销，很多人都会想起小米手机。的确，在小米手机刚刚进入智能机市场时，曾经利用这种手段吸引了不少年轻人抢购，这也是营销界惯用的手段之一。不过，吊起消费者的胃口需要一定技巧，那就是"有力的宣传+低供应量"，二者缺一不可。对销售员来说，可以通过回头客的口头介绍证明某款产品如何如何好，也可以通过广告宣传增加产品的知名度，这样就能勾起消费者的购买兴趣，当销售告知客户"抱歉，没货了"的时候，他们的购买意愿会更加强烈。不过，饥饿营销并非什么秘诀，很多消费者也深谙这种套路，所以这一招只适合在产品市场竞争力不够强或者出货量不足的时候使用，一旦滥用就会彻底毁掉口碑。

第六，必须"说到做到"。

有些销售员缺乏基本的职业操守，在答应给客户让利之后，忽然觉得不甘心，所以又中途变卦或者对产品抽条，让客户的预期落空，给人一种"你被我耍了"的感觉，看似保全了利益，但得罪了客户甚至被投诉。销售员对待客户要一诺千金，不能出尔反尔，如果客户的趋利心理没有得到满足，反而还被你羞辱，后果不堪设想。

趋利心理是营销手段的发力点之一，但是对销售员自己来说，必须警惕"贪婪"二字，不能为了赚钱而破坏自己的营销计划，比如在实施饥饿营销时，看到客户接踵而至就放出了大量的现货，这虽然能一时获利，却是不打自招，严重损害品牌形象和个人的诚信度，得不偿失。切记，在我们学会用趋利心理去吸引客户完成交易之前，首先要警惕自己的贪婪。

7. 逆反心理：越不让我买，我越要买

相信家里有青春期孩子的父母，都会十分头疼他们在这个年龄段的重要特点——逆反心理。其实，不仅是青少年，成年人也会表现出逆反心理，区别只在于程度不同。对此，很多销售员恐怕深有同感：越是努力向客户推荐

产品，反而越会遭到拒绝。反之，如果只是轻描淡写地介绍产品，顾客的购买欲望反而更强。

虽然这种逆反心理有时让人无奈，可当我们站在消费者的角度去思考时，会发现这种心理完全可以理解：如果销售员向我们竭力推荐某种产品，我们会觉得对方非得要卖给我们，原因无非是利润高或者卖不出去，所以我们就会本能地拒绝。事实上，逆反心理是人们的一种自我保护，和固执无关，是人们在面对威胁时本能作出的心理防御。

既然逆反心理的存在是合理的，也是难以改变的，那么我们与其硬碰硬，不如反其道行之，利用逆反心理推销产品。

国外有一个订鲜花的网站，面对众多的竞争对手，没有采取价格战、制造噱头等手段，而是对外告知一条购买原则：到这里订花的男人，如果要给一个女人订鲜花，以后也只能送给同一个人，否则概不接单。乍一听起来，这个网站真的是不拿消费者当回事：难道全世界只有你们一家鲜花网站了吗？然而没想到的是，很多男性消费者就此产生了逆反心理：你不是认为我一辈子很难只爱一个女人吗？那我就偏偏要过来买！结果，不少男性客户带着向心上人表白的态度来到这家网站订花，即便价格高出其他网站也毫不在意，因为在他们看来这是在维护自己对爱情的忠贞。

要想改变客户的想法，并不非得让他接受某一样产品，因为这只能激发他的逆反心理。最合理的方法是，我们要尽一切可能刺激客户的兴趣，让他们主动询问购买产品，毕竟越是得不到的东西吸引力越强。通常，客户的逆反心理有如下三种表现形式：

第一，优越感。有些客户对销售员的推销既不反对也不沉默，而是会直接说出"我知道我要买什么"，这种态度有些小傲娇的色彩，意思是他们不是那种傻乎乎的顾客，知道销售员的心思，绝对不会被套路。遇到这种情况，销售员往往会承受很大压力。

第二，直接反驳。这是最典型的逆反心理，当销售员强烈推荐某种产品时，客户连看都不看就会予以否定，这是为了让销售员尽快放弃推销的念头。

第三，不置可否。这种表现看起来还有商量的余地，其实应对起来更难，因为客户虽然保持着沉默的态度，但他们心里已经打定主意不买了，反而会浪费销售员的时间，所以遇到这种情况最好选择闭嘴。

既然客户的逆反心理有不同的表现形式，那么作为销售员就应当学会在最短的时间内察觉客户是真的逆反还是犹豫不决，这需要做好四个方面的工作：

第一，换位思考。

消除客户逆反心理不一定非要站在销售的角度，而是可以转换立场，这样你获得的回答才可能是自己想要的。比如在和客户沟通时可以这样问："我来得不巧吧？"或者"打扰您了吧？"。这种问题看起来对销售不利，但恰恰是利用逆反心理让客户作出相反的回答："还行，我有时间"或者"不打扰"，所以客户大都会给你时间介绍产品。

第二，多问少说。

传统的推销是销售员向客户推荐产品，这是最容易引发客户逆反心理的方式，而正确的做法是多询问客户需要什么，然后通过客户的回答锁定一个推荐的大致方向，因为这是你根据客户的需求为对方推荐的，他如果反驳就是在否定自己，你可以进一步询问更详细的消费需求。如果客户不能准确地说出需求，又对你的推荐不感兴趣，那么问题还是出在沟通上，也就是询问的方式不对，让客户感觉到了压力或者不快，不妨采用唠家常的方式谈论购物以外的话题，然后再一点点地转移到正题上，这样客户就不会排斥了。

第三，用好奇感冲淡逆反心理。

人人都有好奇心，而当好奇心和逆反心理相碰撞的时候，前者获胜的概率比较大，因为好奇心是驱动人类进化的重要动力。当客户对你的产品感到好奇时，你们的沟通氛围通常会变得轻松、活跃起来，客户可能会不断地向你提出问题，而这时你不要急于给出一个完整的答案，因为这样可能会满足对方的好奇感，而是应当说一半留一半，让客户提出新问题，在不断地问答中强化客户对产品的好奇心和购买欲。除此之外，销售员还可以让消费环境变得更有"神秘气息"，比如把想推荐的产品不摆在明显的位置上，或者可以不要贴上价签，这样当你向客户介绍的时候，对方就会对其产生浓厚的兴趣，并主观地认为这款产品确实和其他的不同。接下来你就可以说这款产品是通过特殊渠道进来的、数量有限等，让客户认为在其他店里很难买到，就能抵消他们的逆反心理。

第四，提高个人的口碑。

有时候客户对销售员的逆反心理，源于对销售员的不信任，这也是人之常情，毕竟销售员的目标是尽可能多卖出产品，这意味着他们盯上了客户的钱包。所以，销售员要树立在客户心中可以依赖和托付的真实感，当然这并非一朝一夕能完成，需要一个销售员长期经营自己的口碑，也需要通过对客户的了解尽快拉近彼此的距离。

需要注意的是，客户的逆反心理并非真的反对消费，所以不能将它理解为"当客户反对你"时该怎么做？它是一种带有孩子气式的消费心理，所以销售员不要因为客户的任何"否定"态度盲目地改变销售策略，要真正了解对方的想法再做决定，这样才能获得一个良好的开局和圆满的结果。

第四章

读懂客户，
让销售事半功倍

1. 学会正确地鉴别客户
2. 学会察言观色
3. 言谈举止能传递特殊信息
4. 从字迹上看性格
5. 解码客户的小动作
6. 语言和声音能透露客户性格
7. 学会倾听客户的潜台词

1. 学会正确地鉴别客户

以貌取人是社交中的大忌，因为人的外貌和内心并没有直接的联系。不过，人的相貌能够帮助我们从另一个角度了解一个人。这不是通过颜值去决定我们对一个人的好恶，而是通过五官呈现的某种特点辅助我们认识一个人。对销售员来说，通过这种方式能够尽量减少了解客户所消耗的时间成本，增加成交的概率。

相信大家都有过这样的生活体验：一个热情奔放的人和一个内心封闭的人，在容貌上总会有所不同，奔放的人通常眼睛炯炯有神，眉毛高高挑起，嘴巴富有尊严……而一个封闭的人可能眼睛空洞无物，眉毛下垂，嘴巴紧闭……这并非歧视容貌不讨喜的人，而是通过容貌去了解一个人的内心世界，捕捉对方的"性格痕迹"。

第一，五官熠熠生辉的人。

熠熠生辉的关键在于眼睛，正如人们所说的，眼睛是心灵的窗户。眼睛的大小和基因有关，但是目中有神、眉宇端正则或多或少反映出一种性格特征：他们通常是具有较强艺术感受力的，比如音乐节奏感很发达。一般来说这种人性格活泼的比较多，他们的情绪外露，很少隐瞒心事，如果他们是你的客户，一般很少拖泥带水，往往会单刀直入地向你询问他们心仪的产品，这时候不要拐弯抹角，直接告诉他们就行，这不仅能快速拉近彼此的距离，还能让他们喜欢你。

第二，五官有些扭曲的人。

这里所说的扭曲不是生理上的扭曲，而是容貌给人的整体感觉，比如喜欢斜视看人、歪着嘴角、拧着眉毛等，让人觉得不是很自然。不过，这种人其实内心世界比较丰富，容易冲动，因为他们喜欢从刁钻的角度观察世界，认知富于变化，也正因为这种不安于世的态度，暴露了他们骨子里的那股冲动。如果这种人是你的客户，他们可能会对新奇的产品感兴趣，比如新潮的外观、时尚的功能等，所以这一类产品就是你推荐的重点。

第三，五官有"焦点"的人。

所谓"焦点"是指有明显的神态，比如喜欢瞪着眼睛看人或者看物，主要表现在瞳孔放大。当然这并非完全来自基因，而是一种情感神经发达的表现，所以这种人一般感情比较丰富，做事也容易草率，经常会三分钟热度，不过他们也比较诚恳，很少有心机。从心理学的角度看，瞳孔放大是情绪亢奋的表现，这代表着他们情感丰富，容易情绪化，也容易失去理智。如果遇到这样的客户，要尽快调动他们的积极性，利用他们容易冲动的特点多打感情牌，减少销售难度。

第四，五官"收缩"的人。

这里所说的"收缩"不是五官畸形，而是五官比较紧凑，从神态上看处于防御状态，也就是人们常说的长相不够大气的那种，最典型的表现就是瞳孔缩小。瞳孔缩小是一种内心情绪和状态的表情传达，这种人喜欢自由和与众不同，不太容易受到传统观念的束缚，而且有一种叛逆心理。之所以这样说，是因为人在思考的时候喜欢眯起眼睛，让瞳孔缩小，而这恰恰代表着一个人喜欢反思、怀疑和善做决断，所以他们习惯使用理性思维，自然就更容易拥有相对独立的三观。面对这种客户，销售员想要用几句话就让他们打定主意购买某样产品很难，需要先取得对方的信任，比如展示作为销售员的专业性以及真诚的态度，这样对方才容易卸下防御，接受你的推荐。

第五，"贼眉鼠眼"的人。

这里所说的"贼眉鼠眼"并非一种贬义，而是指那些看起来五官有点尖刻的人，他们通常眼神闪烁不定，眉毛习惯性地搅在一起，嘴巴抿着，这些往往代表了一种犹疑、猜忌的心理，因此这种人大多工于心计，品行差的人就变成了心怀鬼胎。因为他们不喜欢用固定的视角看人，意味着他们也不想被别人窥见自己的内心世界，所以他们心思很重、表里不一的概率比较大。如果他们是你的客户，需要谨言慎行，对有关产品和行业内的信息有选择性地透露，避免对方抓住一个漏洞挑刺或者砍价。

第六，五官不突出的人。

所谓的"不突出"主要是指眼睛和眉毛比较细长，嘴看起来比较小，其实这种特征和面相无关，也是内心活动的一种反应，比如细长的眼睛形状往往是长期眯眼睛造成的，这说明他们喜欢钻研和深思，往往具有一技之长，而嘴看起来比较小是因为下意识地收缩，这也是在殚精竭虑地思考的表现。如果他们是你的客户，很可能在选购产品之前就做好了功课，对产品的功能和使用都有一定的了解，所以你的介绍不要停留在粗浅的层面，也不要当对方什么都不懂，而是尽可能地展现出你对产品独特的认识，这样对方才能对你产生敬意，否则他们一旦抓住了短板，会丧失与你交易的意愿。

第七，面相"高贵"的人。

这种"高贵"并非颜值多么高，而是眼睛喜欢上视、鼻尖挑起、嘴角上扬，这是一种比较傲慢的神态，说明他们潜意识里觉得自己高人一等，久而久之就形成了这种样貌特征。如果面对这种客户，你首先要学会照顾对方的自尊心，尤其是在开玩笑的时候一定要小心，因为对方不是性格直爽的类型，一句话说不好就可能引起他们的不快，那么接下来无论你如何费尽唇舌也是无效的，只有先让他们的虚荣心和自尊心得到满足，再用"捧杀"的方法向他们推荐产品就容易多了。

第八，面色萎靡的人。

这种萎靡主要是指面色发白，眼色发青，给人的直观感觉是眼睛明亮，但是从生理学的角度看，他们的体质不会太好，所以会影响到情绪的稳定性，也就是比较容易神经质，很难控制情绪，性格可能不太随和，因为神经质会造成焦虑，所以对销售员会存在着本能的猜疑和抗拒。如果接待这类客户，一定要谨言慎行，不要说容易产生歧义的词汇、修辞方法或者段子，因为很可能会被对方误解，只有让他们觉得你是一个沟通直接又不失礼貌的人，他们才会放心地和你交流，也容易在交易中达成共识。

用容貌的整体感去观人，只是识别客户性格中的一部分，不能完全把它当成下结论的依据，因为它只能帮助我们对一个初次见面或者了解不多的人进行大体的判断。而人的内心世界是复杂多变的，单凭一种容貌特征并不能完全证实什么，所以我们要学会在多次观察中进行总结和推断，积累更丰富的经验，从而做出正确的营销计划。

2. 学会察言观色

作为销售员你很可能会有这样的经历：明明诚意满满地向客户介绍了半天，对方却面无表情；明明客户似乎对产品表现出了莫大的兴趣，却最终扭头而去……遇到这种情况，你是不是会怀疑自己的口才出了问题？其实不然，造成这种结局的真正原因是你根本没有了解客户的心思，所以才在错误的方向上浪费了时间和精力。

销售员不仅要懂得营销学和心理学，还应当知道如何通过察言观色去准确地了解客户的真实想法，然后才能让营销技能有施展的空间。因为，人是高度社会化的动物，不会想什么就说什么，而是会隐藏自己的真实想法，所以表面上看起来风平浪静，其实很可能是暗流涌动；看起来是热血澎湃，其实早已心如止水。

那么，怎样才能做到察言观色呢？简单说就是捕捉客户发出的信号，这个信号主要包含着语言、表情和动作，甚至是人们常说的"气场"，也是可以传递出一些对销售员有用的信息的。

第一，通过传递出的"信号"了解购物需求。

如果一个口吐时尚名词的客户来到你的店面，如果你向他推荐风格保守的产品，那么十有八九会遭到他的拒绝，因为他使用的语言已经表达出是一个追求时尚的人，这是其一；如果这位客户对店里明显位置摆放的新奇摆设很感兴趣，这也说明了他的关注点在于产品的外观和代表的潮流上，而对内涵就没那么关注,这是其二。当你结合这两个观察结果之后,就能知道对方大致的购物需求,瞄准一个方向死磕下去,总会有所收获。

当然,这种信号有时候可能是相反的。比如还是以这位关注市场的潮人客户为例,他虽然眼睛盯着风格前卫的产品,但是却不断打着电话和别人沟通买东西的事,那么这时候你就要留心他是不是替别人购买,或者是他在家里没有话语权,要听命于别人,我们不能通过他对时尚的喜好而去判断他家里人也是如此,这就需要我们打探一下电话里的那个人的消费需求,这样才不会产生误会。

第二,通过带入情境了解客户。

有时候,一个人的言谈举止并不能很好地展示其消费特点,他可能为人比较低调或者有意掩饰,这就需要我们将他们带入一个情境或者环境中,让对方主动暴露出相关信号。比如,你的一个客户和你谈了装修的事情,却没有对装修风格提出明确的要求,那么你不妨带着他去某个样板间或者装满材料的仓库去转转,这时再去观察对方的表情和神态,就能基本判断出他是否感兴趣。当然,这种环境未必非要真实存在,也可以是软环境,比如客户想要购买淋浴器,你不知道他在意的产品内核是什么,就可以通过一些视频介绍来观察对方是否有关注的兴趣,在这种外界因素的刺激下,一个人的消费心理特点也会逐渐表露出来。

第三,分析虚假信号发现真相。

在判断对方是否有购买力这个问题上,很多销售员会通过穿衣打扮去界定,应该说这种方法在大方向上不算错,毕竟经济条件好的人穿着不会差到哪儿去。但也有截然相反的情况,如果判断失误很可能带来严重的损失,这时最好的办法就是通过对方的语言神态去观察。比如你可以依次向客户推荐高中低三个档位的产品,如果客户经济条件不差,那么在由高到低的过程中会表现出不太满意甚至有些嫌弃的样子;如果客户经济条件不好,那么他在听高档产品的介绍时也不会有明显的反应,但是在听到低档产品的时候能欣然接受,这基本上就可以证明他并不能感知到这种落差,也就意味着他的消费能力长期徘徊在这个档位上,这样你就能做到心中有数了。

除了挖掘客户释放的信号所代表的含义之外,销售员还可以通过客户的态度进行判断,这种分析方法比较直观,更容易掌握。

第一,对产品感兴趣但迟迟不提购买——想买但在意价钱。

当客户的真实想法是这样时,销售员该做的就是探测客户的心理价位,对于直爽的客户可以直接询问,对于善于掩饰的客户则可以间接询问。打个比方,你和客户正在谈的产品价格是100元,那么你可以通过推荐120元、80元和50元三个不同价位的产品来观察客户的反应,如果客户对120元没什么兴趣,对50元又一脸嫌弃,只有对80元还能保持正常的态度,那么客户的心理价位可能介于100元和80元之间,这时你酌情给予优惠即可。

第二,即将购买产品时有些为难——想付款但又不能全款。

如果客户对价格本身没有什么异议,而是在侧面打听付款方式的话,那么显然他不想或者无力支付全款,这时再降价也不会起到太大的效果,而是应当告诉客户有哪些方式可以付款,打消他的顾虑,尽快促成交易。

第三,没有果断的态度但也没有离开——想买但不够了解产品。

当客户有这样的态度时,销售员就应当将主攻方向放在产品本身上,给予客户最全面最深入的介绍,当然在介绍的过程中要学会寻找重点:如果客户在听到产品功能时全神贯注,那就多介绍功能;如果客户在听到产品售后时只是随便应付,那说明客户不太在意这个。当你准确地抓住了重点之后,就能让客户尽快下定决心购买产品了。

第四,貌似认真地听着但迟迟没有表态——根本不想买。

有些客户纯粹是出于好奇过来闲逛,所以他们也会认真听销售员讲述,但是和第三种情况不同的是,他们几乎对什么内容都不反感,而这恰恰暴露了一个事实：对什么都感兴趣说明没有关注的重点，也就是没有购买意愿。所以遇到这种情况，销售员就尽快从介绍产品转入到支付阶段，这样客户出于面子也不会再纠缠你太久。

任何一次产品营销，都是销售员和客户的心理博弈过程，谁先发现对方的真实想法，谁就能找准最有效的应对策略，占据了主动。一个优秀的销售员是可以在和陌生客户的初次接触中尽快了解对方的，因为过高的时间成本会让你错失真正有价值的客户，察言观色的本质就是让你快速做排除法，有针对性地选择客户和有侧重点地说服客户，这样才能确保交易的成功率。

3. 言谈举止能传递特殊信息

龙生九子，各不相同。其实人也是一样，即便是同一个家庭培养出来的孩子，性格也会有很大差异，更不要说在不同的环境中成长了。这些性格的差异决定了行为方式的差异，也就是心理学所说的"人格"和"行为模式"。对销售员来说，只有针对不同的行为方式才更容易说服对方促成交易，这也是优秀销售员的必备素质。

那么，如何在短时间内判断一个人的性格类型呢？除了解读表情和动作之外，最直接的方法还是沟通，不过重点不在沟通的内容，而是沟通的方式和态度，也就是我们俗称的言谈举止。

第一，用语礼貌的人。

这类客户通常有一定的文化修养，他们会把"请""谢谢""麻烦你了"之类的话挂在嘴边，表现出一种对他人的尊重和体谅之心，也比较包容。面对这一类客户时，销售人员承受的压力较小，可以尽快进入主题。由于他们性格相对随和，所以内心防线不是很强，在面对销售员的说辞时，容易被对方的思想左右，不会当面拒绝，而是会耐心地听下去，这就给了销售员说服对方的机会，因此一定要把握住。

第二，喜欢使用敬语的人。

这一类人和使用礼貌用语的人区别在于，他们会刻意地恭维你，比如夸你的容貌、过誉你的产品等，这并不意味着他们真的有修养，而是比较圆滑世故，因为他们对人有着很强的洞察力，知道你愿意听什么样的话。面对这类客户时一定要提高警惕，弄清对方的购买意愿，别让自己作出错误的判断。

第三，沉默寡言的人。

这类客户生活相对封闭，对外界事物表现出一种冷淡的态度，和陌生人之间总是保持着距离感，对自己世界中的变化表现得非常敏感。所以对他们推销时很难让对方接受，尤其是过于热情的对话，会让对方感觉不适。因此，面对这一类客户的时候要保持适当的距离，不要让对方觉得你是"居心叵测"，因为一旦形成成见，后续的沟通就会异常艰难。

第四，说话啰唆的人。

这种人性格不够豪爽，责任心不强，喜欢推脱责任，也比较婆婆妈妈，尤其是对一些鸡毛蒜皮的小事喜欢纠缠不清。面对这种客户时不要和他们进行无意义的争辩，要直击要害，避免浪费时间。当然也不要得罪他们，因为这种人的内心既敏感又脆弱，他们的情绪经常处于不稳定的状态中，所以销售人员一定要有耐心，否则很难拿下他们。但是如果你们建立了信任关系，他们会对你产生足够的黏着度，因为他们和其他人建立信任关系也很困难。

第五，说话简洁的人。

这类客户喜欢开门见山的沟通方式，不喜欢拖泥带水，做事比较干脆，往往说到做到。他们通常是性格豪爽、果断坚毅的人，所以和他们打交道尽量不要绕圈子，否则会降低对方对你的好感度。由于他们对待事物总是保持着严肃和正直的态度，有着清晰的逻辑，单靠口才难以说服对方，所以需要打一打感情牌，一旦将对方打动，他们甚至会帮你介绍新的客户。

第六，说话毒舌的人。

这种客户对他人缺乏足够的尊重，总是用一种挑剔的目光去审视他人，他们很少有朋友，而他们自己往往没有意识到这一点。对于这种人尽量要避开，如果实在要和他们打交道，就要显示出你的自信，这样才能打消对方的怀疑。需要注意的是，你不要依靠口才取胜，而是要依靠事实，因为这类客户十分反感别人夸夸其谈，加之他们先入为主地怀疑你，如果没有足够的依据很难说服对方。

第七，说话带有攻击性的人。

这种客户是比较让人不爽的类型，通常是嫉妒心较强的人，而且喜欢搬弄是非并争强好胜，对比自己强的人天生有一种敌意。所以面对他们时要把自己表现得弱一些，这样对方才能减轻对你的攻击性。这时你不妨做一下让步，比如主动降低价格并恭维对方，会让对方觉得自己胜券在握，失去了判断力，你可以趁此机会一举攻破对方的心理关口。需要注意的是，千万不能在交谈中泄露关键信息，因为被对方知道后会对你进行更严厉的抨击。

第八，说话带有优越感的人。

这种人总能表现出一种"好为人师"的姿态，他们通常以自我为中心，有些刚愎自用，爱慕虚荣，还有强烈的表现欲望，希望引起别人的注意，他们看起来不是很好相处，但是只要学会迎合他们，也就抓住了他们的弱点。

需要注意的是，不要试图说服他们，要不断给对方发表看法的机会，这样才能从他们的言谈中发现潜在需求，更容易找到突破口，一旦对方陷入这种亢奋的状态中，他们将失去对你和产品的辨识能力，这时候稍加引导就能让对方消费。

归根结底，言谈举止只是了解客户的一个侧面，会存在一定的误差。比如心情不好时，一个平时和善的人也可能说出打击别人的话，但这并不能说明他就是一个充满攻击性的人。同样，人逢喜事，一个平时尖酸刻薄的人也会表达出少有的善意……由于人的行为存在着随机性，这就需要销售员结合客户的微表情、小动作、语言等多方面的线索作出综合性的判断，这样才能更准确地勾勒出客户的大致性格类型。而且，察言观色的法则不是一成不变的，需要你在实践中不断地积累和摸索，形成更科学的适用法则。

4. 从字迹上看性格

人们常说"字如其人"，意思是一个人的性格会通过字迹反映出来。从心理学的角度看，一个人的内心想法和情感会投射在外部世界中，而写字就是生活中最常见的行为之一。因此，一个人的书写习惯、字体的间架结构，都能在某种程度上反映出他们的真性情。而且，人的字迹是非常稳定的存在，从学生时代开始就逐渐形成，成年以后字迹几乎不会发生变化，所以我们几乎可以肯定：世界上没有两个字迹一模一样的人。

对于销售员来说，除了通过外表、行为、言谈去判断一个客户的性格，还可以通过字迹进行揣摩。毕竟，有些客户沉默寡言或者行为谨慎，不会轻易暴露出真实的性格，而在某些场合下，销售员也不便于全面地观察客户的举止，因为这可能会让对方感觉不适，也缺少礼貌。所以，通过字迹去判断是一种较为隐蔽的方式。

众所周知，写字是一个动态的过程，它不仅包含着字迹的特征，也包含着书写时的特征，下面我们就从多个方面进行分析。

从写字的速度分析

第一，写字飞快的人。

一般来说，写字快的人充满活力，执行力比较强，对人热心，性格也比较爽朗，不喜欢拖拖拉拉的，这是他们的优点。根据这些优点，销售员可以采用直截了当的方式和对方沟通，这样容易获得对方的好感，也能加快交易的进程。不过这一类人也存在着好冲动和缺乏耐心的缺点，对销售员来说，别浪费彼此的时间是重要法则，否则会引起他们的不满，导致交易流产。当然，好冲动这个特点也有利于销售员在短时间内搞定他们，因为他们一般不会犯选择困难症。

第二，写字较慢的人。

通常写字慢的人字迹比较工整，标点、文法较少出错，而且会在写字的时候偶尔停顿一下，所以这一类人做事是比较严谨的，他们喜欢循序渐进，而不喜欢贪多求快，这是他们的性格优势。根据这些优点，销售员可以按部就班地为他们讲解产品，而不必急于把卖点亮出来，会减少营销时的压力，因为他们比较有耐性，愿意听你全面地描述。当然，这类客户也存在着缺少变通、比较自我的缺点，因此销售员面对他们时要尽量照顾对方的自尊心，也尽量少在营销的手段上玩花样，这可能会让客户认为你为人浮躁、不够稳重。

从下笔的轻重分析

第一，下笔刚劲的人。

这一类人在书写时运笔比较轻快流畅，力道均匀，这说明他们很有主见，做事也比较决绝。所以面对这类客户时要多引导对方而不是教导对方，要从他们的意见出发，最后转移到你要推荐的产品上。换句话说就是"用对方的矛去攻击对方的盾"，而不要亮出你自己的观点。

第二，下笔轻柔的人。

这一类人写字非常小心，往往是一个字紧挨着另一个，还不会写出框格。通常这种人性格温顺，缺乏独立性，做事比较被动。面对这类客户时，销售员要多多向他们传递有关产品的信息，而不是等待对方发问，因为他们很少表达出自己的真实想法，只有巧妙地套出他们的所思所想才能尽快促成交易。

第三，下笔柔中带刚的人。

这一类人运笔时既有刚硬的一面，但也讲究整体排列，特别是字体都带有一定的弧度，所以这类人性格圆滑，心机较深，他们富于变化。面对这类客户不能轻易亮出自己的底牌，而是要先试探性地了解对方，做到心中有数，再展开营销的套路，如果盲目出击很可能被对方发现破绽，让自己处于不利地位。

从字迹的大小分析

第一，字体较大的人。

这一类人写字往往会超出框格，不太在意周围的文字排列比例，字迹多是朝着左下方倾斜，所以这一类人比较自信，乐于表现自我，但有时候做事比较霸道，不太在意他人的感受。面对这类客户，销售员既要尊重对方的想法，但也不能被他们的思维牵着鼻子走，否则会失去议价的主动权，但如果迎合了他们喜欢表现自我的心理，也会让他们变得虚荣起来，借助这个点推销产品就变得十分有利了。

第二，字体适中的人。

这一类人书写时左右对称均衡，比较和谐，说明他们做事很认真，具有一定的分析能力和判断能力，不过有时候因为太在意全局而优柔寡断，总想追求完美。所以，面对这类客户时，销售员要显得比他们还认真，这样才能显示出专业性。如果发现对方犹豫不决，可以采用一些套路加快交易，比如"断货了""最后一个""要打烊了"等，这些手段可以规避他们性格中的弱点。但是切记他们喜欢完美的东西，这意味着你不宜推荐档次较低的产品。

第三，字体较小的人。

这一类人书写时字体是"抠抠搜搜"的，距离远了甚至看不清写的是什么，这意味着他们做事不够爽快，对金钱比较在意，性格偏内向。面对这类客户时，销售员要注意从产品的价格入手，因为这是对方最关心的问题，只要让他们认为有便宜可占，就能坚定他们的购买意愿。当然，他们内敛的个性不会轻易暴露出内心的想法，所以多沟通才是王道。

从字迹形状分析

第一，字迹有棱角的人。

这种人的字迹笔画有力，如果是写满一张纸的话，文字是以密集的形式排列。通常这种人的意志力比较坚强，报复心较重，拥有强烈的占有欲，而且不会轻易表达出来。面对这一类客户时，销售员不要指指点点，提出很主观的建议，而是应当在充分了解对方的诉求之后，再想好营销的方向。当然，也可以利用他们的占有欲坚定他们购买某一种产品的信念。

第二，字迹很工整的人。

这种人的字迹一板一眼，通常是那种方块体，他们比较保守，喜欢因循守旧，不太容易接受新鲜的事物。面对这类客户时，销售员要尽量推荐外观不张扬、比较实用的产品或者服务，这样才能易于让对方接受，而且因为这一类客户做事看重规矩，就要把产品配套的说明和服务都一一呈现出来，才能得到对方的认可。

从字迹笔画分析

第一，笔画不均匀的人。

这类人喜欢破坏，脾气暴躁，常常会因为一点小事而情绪激动。所以在面对这类客户时，销售员要注意推销时的措辞，不要让对方产生误会，这会让你的销售工作无法继续。当然你也可以利用这种心理特点，通过产品对某个小细节的用心，博取对方的欢心。

第二，笔画很重的人。

这类人性格敏感，对细微之物的捕捉能力较强，同样心理防御性也很强，不容易打开他们的心扉。面对这类客户时，销售员最好多倾听少说话，给予对方充分表达自我的机会，而不要对客户的某个观点进行评判，因为这很容易触及对方的"逆鳞"。

第三，笔画较轻的人。

这一类人通常不是很自信，喜欢内归因，即出了事喜欢把责任推给自己。面对这类客户时，销售员要多多赞美对方，肯定他们的选择和看法，如果发生了误会要马上把责任揽到自己身上，让沟通始终处于和谐融洽的气氛中。

从字迹排列分析

第一，排列平直的人。

这一类人做事讲究规矩，为人稳重，他们拥有属于自己的一套法则，不会轻易改变想法。面对这类客户时，销售员要学会变通，把原本不符合对方要求的东西解释成一种"变体"，比如对方喜欢黑色，你推荐的是灰色，可以告诉对方这是"浅黑色"，这就能通过客户的"心理验证"。

第二，排列不平的人。

这一类人看起来没有章法，其实他们有很强大的社交能力，也能够洞悉别人的弱点。面对这类客户时，要多和他们交流，让他们享受社交的乐趣，可以尽情地套近乎、唠家常，让他们觉得你是自己人，这样就便于展开营销话术。

书写不仅是一种性格的体现，还是一种审美情趣的表达，一个人无论怎么练习、模仿他人的字体，都很难走向一个自己曾经讨厌的模式中，所以笔画结构的方式也能表达出他们对外部世界的态度。打个比方，写字比较大气的人，他们的审美情趣也是张扬直接的；写字小气的人，也会倾向于接受风格保守的东西……从这个角度看，销售员可以根据字迹推断出客户的审美倾向，从而选择适合他们的产品风格，这样就能在最短的时间内抓住客户的心。

总之，字迹是人类内心世界投射在外部世界的反映，它关联着人类最基本的思维模块、情感表达方式以及审美情趣等，虽然在短时间内很难全面解读，但是只要抓住其中的某个点，就可能为你的销售工作找到一个突破口，帮助你顺利进入下一个环节。

5. 解码客户的小动作

在日常交流中，最能反映出一个人内心世界的往往不是语言，而是不经意间的某个小动作。因为小动作是下意识的反应，很难被大脑有意识地伪装，所以解读小动作是了解一个人性格和心理的绝佳途径。另外，小动作的捕捉也更为隐蔽，不会让客户察觉，也不会让自己尴尬。

有人或许会认为：小动作转瞬即逝，真的能提供给我们有价值的信息吗？其实，越是小的动作，隐藏的信息就越重要，哪怕你不能全部解读，只要抓住其中一个，或许就能帮助你完成最后的交易。换句话说，解读客户的小动作，就像把一副被打乱的性格拼图重新整理，从看似支离破碎的信息中获得关键"证据"。下面，我们来解读一下人们常见的几种小动作：

第一，揉眼睛。

如果排除是眼睛里进了沙子这种情况，那么很可能这代表着客户对你的"感兴趣"是假装出来的，要仔细想想你的话术是否捕捉到了客户的兴趣点，不然你只能白白浪费时间。

第二，摸耳朵。

如果客户在看产品或者听销售介绍的时候不断摸着耳朵，那说明对方还没有下定决心，还在犹豫之中，这时就要加大攻坚力度，找出更有说服力的证据，尽快促成交易。

第三，揉鼻子。

鼻子虽然可动的肌肉较少，但是也能观察到一些信息，比如客户在轻微揉鼻子的时候可能意味着对方在说谎，这时就需要你提高警惕，不要以为已经搞定了客户，其实对方仍然雷打不动。当然，如果客户揉鼻子的幅度较大，那说明对方只是鼻子发痒而已。

第四，手捂住嘴巴。

通常这是客户想要收回刚才所说的话的下意识反应，这时你就要抓紧时间，不给客户后悔的机会，别让支付过程拖得太久。

第五，拍打后脑勺。

这是一个代表着懊悔的动作，比如错过了你们的促销活动，或者在和你谈判的时候没有争取到足够多的利益，这时候你就应考虑是否要给对方补偿。

第六，挠脖子。

客户做出这种动作，通常代表着口是心非，内心处于矛盾的状态中，这时候你就要用话术摸清对方的真实想法，以免走上歧途。

第七，摆弄指甲。

一般这是女性常有的动作，代表着一种厌恶情绪。这说明对方对你或者你推荐的产品实在没有兴趣，那么就该考虑换下一个客户了。

第八，两手交握。

如果一个人交握双手代表着情绪紧张，想要获得外界的帮助，这说明客户比较纠结，作为销售员要尽快弄清客户在意的是什么——价格、售后，还是购买的决心，只有帮助客户解决这些困难才能尽快完成交易。

第九，手指尖摸着嘴唇。

用大拇指或者食指轻抚嘴唇，这是为了克服内心的不安，努力让情绪稳定下来，这是源于幼年时期的一种常见动作。一般来说，如果客户做出这种动作，销售员要尽快查明原因，确定是否是自己的某句话伤害到了对方，如果这种负面情绪不能消除，会影响沟通和交易。

第十，揪衣服上的线头。

这是一种不自在的表现，并不能说明客户对你不满，很可能是对你们当前交谈的环境或者场合不满意，比如人太多或者光线太暗等。这时你不妨考虑换一个更自然、舒适的地方，让客户放松。

第十一，摸后脑勺。

这代表着一种质疑和不确定的态度，通常意味着客户对销售员的话不信任，所以你要尽快查漏补缺，看看是否在介绍产品时说错了话，或者没有搞清客户的购买意向。

第十二，不断地眨眼睛。

这是一种焦虑的表现，因为人在心跳加速的同时会使劲地眨眼，这说明客户处于矛盾的心理状况，比如想要购买产品却无力全款支付或者对产品的售后比较担心。作为销售员应当主动询问，帮助客户解答疑惑，让他们对产品充满信心。

第十三，手托腮看着你。

一般来说这代表着对你的批评和怀疑，很可能是客户对你表达的内容持否定态度。这就需要你及时回忆刚才都说了什么，避免对方的反感情绪持续发酵。

第十四，低头向下看。

这往往意味着客户对你有一种不愿理睬的态度，这也说明对方可能不是你的目标客户，不如尽快结束话题。

第十五，不断交换着支撑脚。

通常这是双方站立交谈的常见动作，这表示客户心里不太舒服，想要尽快结束谈话，你可能占用了对方的宝贵时间，不如约下一次见面再试试。

第十六，身体向后倾斜。

这种小动作往往代表着"不喜欢你"的意思。相反，如果身体向前倾斜则是对你感兴趣的意思。既然知道对方的态度了，就要采用不同的应对策略。

第十七，双手交叉护在胸前。

通常这代表着对方对你心怀戒备，是一种典型的心理防御姿势，所以请你尽快终止当前的话题，先和对方建立足够的信任感，否则说什么都是无用的。另外，这种动作也代表着客户对自己充满信心，他可能会购买你推荐的产品，但是你不要去左右他的思想，如果触怒对方很可能让你追悔莫及。

很多客户对销售员自带怀疑的情绪，因为他们知道你之所以努力劝说他们掏钱，是为了完成你的业绩，所以你很可能会把白的说成是黑的，把铁的说成是金的。因此经验老到的客户会隐藏自己的想法和情绪，甚至还会有意误导你，这时语言就失去了判断价值，反而是他们的小动作更能说明事实，销售员就必须学会从这些不经意的举动中了解对方的技术。

当我们掌握了解读小动作的技巧之后，也可以用一些正面的、友善的小动作去拉近和客户的心理距离，比如身体向前倾、双手交叉，这些都代表着你对客户本人以及所说的内容有兴趣和亲近感，容易赢得对方的信任，促成交易。反之，也要避免那些令人不快的小动作，因为我们不能忽视：当你在解读客户的心理时，也许对方也在解读你的。

6. 语言和声音能透露客户性格

一扇大门上挂着一把非常结实的锁头，一根撬棍摇摇晃晃地走过来想要撬开它，结果费了很大力气都没有成功，这时一把又瘦又小的钥匙走过来，它扭动着身体插入锁眼，然后轻轻一转，看似结实的锁头就被打开了。撬棍惊讶地看着钥匙说："我力量这么大都没有打开，你是怎么做到的？"钥匙笑着说："因为我最懂它的心啊。"

这个故事告诉我们一个道理：当你真正了解客户时，只需要借助"巧劲"就能成功；如果你不够了解它，使出再多的蛮力也是无用的。所谓的巧劲，就是你能准确猜透客户的性格类型。

我们知道，不同的性格会有不同的行为模式，而每一种行为模式都有各自的优缺点。那么在销售员眼中，这些优点和缺点中都可以找出客户的弱点，而这恰恰是搞定一个客户的最关键因素。

那么，怎样才能判断客户的性格呢？可以从他们的语言和声音中寻找线索。

第一，喜欢表达肯定的人。

这种人习惯把"好像真的是这样"或者"确实如此"之类的话挂在嘴边，一般他们缺乏主见而且虚荣心较强，因为他们不想让别人发现自己的浅薄无知，所以总会随声附和，显得自己早就洞察了一切。应对这类客户，只要显出作为销售员的专业素养和知识储备，对方就会在心里对你暗生敬意，当然表面上还是会说"确实如此"。

第二，喜欢使用外语或者外来词汇的人。

这类客户并不是指那些真正精通外语的人，而是喜欢在汉语中穿插一些外语的"伪时尚人士"。他们通常打扮得比较花哨而缺乏品味，他们使用外语不是受到生活和工作的影响，而是纯粹想要卖弄自己，这也从侧面证明他们张扬的外表下是一颗不够强大的心，他们往往经不起诱惑，只要你给予他们足够优惠就很容易搞定对方。

第三，喜欢直接表态的人。

他们通常将"我听明白了"或者"我已经知道了"之类的话当成口头禅，不过他们可不是真的自信，而是受到表现欲的强烈支配，他们认为自己才是该被大家关注的焦点，其他人都只能做配角，所以处处要显示自己高人一等。如果你确定拿下对方能够获利很大，那么就尽量满足对方的这种自负心理，不能打击他们的尊严，否则很难收场。

第四，说话含含糊糊的人。

最典型的句式就是"这个……那个……"或者把"嗯、呃、哦"挂在嘴边，习惯这样说话的人一般都是小心谨慎的人，他们害怕冒险，不会乱花钱，也不喜欢明确对别人表达自己的观点。所以和他们交流的时候要多引导对方开口，而不要迫使他们发表看法，否则他们很可能选择"土遁"。

第五，喜欢询问对方的人。

他们总喜欢说"可不可以""能不能"和"是不是"，这种人大多是那种和蔼可亲的类型，他们思维比较冷静，能够作出相对正确的分析，不会受到外人的蛊惑而冲动消费。所以面对这类客户时要保持足够的镇定，以理服人，让对方感受到你的诚意。

第六，说话斩钉截铁的人。

他们的惯用语是"必须""一定"以及"绝对"等，这种人很喜欢快速作出结论和推断，要么过于自信，要么过于自卑，总之很难对事物产生客观的评价，而是喜欢跟着感觉走。面对这类客户时，销售员不要指望能给对方洗脑，而是应该询问对方的需求再推荐产品，这样才能将营销的阻力降到最低。

第七，满口都是网络用语或者时尚词汇的人。

他们是追赶时尚的潮人，不过并没有成熟的价值观，而是缺乏独立思考的能力，喜欢盲从。所以搞定他们很容易，只要让他们觉得这款商品别人都买了，那么为了不让自己被边缘化，他们十有八九会敞开荷包。

第八，喜欢表达自己推断正确的人。

他们愿意和别人说"你看我的判断没错吧"之类的话，这种人通常自我意识较强，而且愿意通过贬低他人来肯定自己，具有一定的攻击性。应对他们时要多加小心，不要试图采用激将法、暗示法这些技术含量较高的套路，因为一着不慎就可能引起对方暴怒，而当他们认为自己的尊严被践踏时，场面会十分难看。

第九，说话喜欢停顿的人。

他们最常使用的词汇就是"其实""是这样的"等，他们用这种字眼开场，通常是想要引起别人的关注，因为"其实"是对真相和事实揭露前的提示语，所以这类客户的诉求是，希望别人认同自己的观点。作为销售员就要多多赞美对方，这才能让他们心情愉悦并被你的热情感化，再加上一点营销话术，就很容易促成交易。

第十，喜欢用命令式口吻的人。

他们经常用"你必须"或者"你马上"这样的字眼，他们不是容易对付的角色，不仅以自我为中心，更喜欢对别人颐指气使。虽然他们不太好伺候，但是销售员也不要慌，只要你能耐心听对方把话讲完，就能大致摸清对方的心理动态，即便没有读懂也不要胡乱猜疑，不如直接询问对方有什么需求，而他们往往很享受对别人指指点点的交流模式，借用这种氛围进行营销，成功率依然不小。

第十一，态度犹豫不决的人。

这种人喜欢把"我还是想想吧"当作口头禅，通常他们性格比较单纯，优柔寡断，心思不够细腻，思想也不够成熟，容易冲动购物，也容易发脾气。所以销售员要学会控制并感染对方的情绪，保持和对方的融洽沟通氛围，这样才能引导他们把购买意向变成现实。

第十二，喜欢自我肯定的人。

他们在发表一个观点之后，往往都会以"这是真的"之类的话作为结尾，这表现出他们对自己的不信任，他们担心自己的话不被人肯定，所以才会在结尾时加上一个"真的"，如果对方认为你确实不认同他的观点，就会失望至极甚至转身离去。所以对付这类客户，要给予其足够的肯定和信任，这样才能留住对方。

上述列举的语言模块只是常见的类型，销售员不能以偏概全，应当多多接触客户，这样才能摸索出更加准确的规律，从而做出正确的判断。

除了说话的惯用语能够判断人的性格之外，声音也和性格有着奇妙的联系，而且它可以在短时间内被当成分析的素材，比分析语言模块、惯用语更高效，正是应了那句古话："言为心声，声如其人。"下面，我们就来看一下如何通过声音的特征去揣摩一个人的性格。

第一，声音急促、语速快的人。

这种人一般是急性子，对人比较热心，十分重视朋友间的感情，说话速度和办事速度成正比。如果遇到这种客户，可以坦率地和他们沟通，因为他们做事果断，不会纠结于是否要购买某个产品，只要说话不绕弯，就会让他们觉得你是一个可爱的人，因为他们是乐观主义者，即便有了负面情绪也会很快自我修复，所以只要对他们真诚以待就能化解很多矛盾。

第二，声音沉稳且温和的人。

一般来说，这种人个性比较压抑，不过他们较有主见，对事物有自己的看法，不会轻易接受别人的意见，所以不要被他们表面的温和做派迷惑。对销售员来说，想要说服他们并不容易，最好先弄清对方的需求再循循善诱，这样效果会更好。切忌装作行家去指导他们，这样会引起对方的抵触心理。

第三，声音沙哑的人。

他们通常属于强硬派，个性比较强烈甚至比较固执，他们对事物拥有独特的看法，通常不会做出改变，不过他们的思维并非僵化，有时候也会比较活跃。遇到这种客户，可以向他们多推荐有特点的产品，而不是引导他们去买什么，只要给予他们充分的选择空间，他们的购买欲望就会被点燃，尤其是新出的产品最容易引起他们的关注，这些都是营销的重点。

第四，声音发嗲的人。

通常指的是女性客户，她们喜欢群体生活，爱热闹，害怕孤独，容易跟风消费，而且比较缺乏主见。面对这种客户时，销售员应当多帮助她们答疑解惑，还可以用市场消费的风向变化引导她们消费，最重要的是和她们多沟通感情，因为她们很在意社交关系的成就感，如果她们把你当成朋友就容易建立交易关系。

第五，声音尖锐高亢的人。

这种人一般情绪不稳定，对待人和事爱憎分明，生性也比较敏感，如果触碰到他们身上的"逆鳞"会瞬间暴怒而起，场面很难控制。他们喜欢和人争辩，也容易变得狂热和急躁，还带有一定的冒险倾向。面对这种客户，销售员不要和他们发生正面冲突，而是尽可能地进行侧面沟通，通过试探的方式了解他们的禁忌，避免因为沟通不畅发生不愉快的摩擦。不过，这种客户如果对你产生了亲近感，也会无条件地相信你，所以打破他们的心理屏障是首要的。

个性的形成往往是先天和后天共同作用的结果，会随着人的成长而逐渐清晰和固化，所以我们可以通过声音去了解一个人，同样也可以通过富有个性的声音去感染对方，这也是销售员打动客户的重要手段之一。

对声音的判断，更多的是来自生活的经验，如果你有时间的话，可以从研究身边人的发声习惯开始，看看是否存在声如其人这种规律。正所谓"知己知彼，百战不殆"，当我们通过语言和声音了解了客户的性格特征之后，就能制定出更好的营销方案，让我们获得更好的销售业绩。

7. 学会倾听客户的潜台词

常言道：锣鼓听声，说话听音。在销售员和客户沟通时，总会遇到对方拐弯抹角、采用隐晦方式和你交流的情况。除此之外还有一种情况，是客户没有意识到自己的真实需求，所以说了半天也聚焦不到重点。总之，客户传递给销售员的信息是模糊的，这就需要仔细分辨他们的潜台词。

沟通首先是倾听的艺术，这就包含着如何解读潜台词的技巧：从"表层信息"和"深层信息"两个维度进行分析。打个比方，当客户对你抱怨某一种产品不够好时，你千万不要认为这个客户很难伺候就敬而远之，实际上这意味着你的机会来了，因为客户的潜台词可能是："如果有哪一种产品比我吐槽的这款产品更好的话，我马上买！"如果销售员将这个有价值的信息提炼出来并找出解决方案，那么成交的概率就提升了。

优秀的销售员，几乎都是善于读取客户潜台词的高手，所以他们的业绩会超过普通的销售员。一般来说，客户表达潜台词主要有三个原因：

第一，对你不够信任，认为交易有风险。

如果存在这种心理，客户多半是跟你不太熟悉，毕竟信任的积累需要时间，不是光凭几句好话就能获得的。有些销售员认为搞定客户就是说几句好听的话，这是错误的。作为销售员要学会在你和客户之间搭建桥梁，比如共同的兴趣爱好、相似的经历等，先拉近距离再谈营销。再有就是创造良好的沟通氛围，比如给客户一杯水，让客户舒服地坐着，彼此友善地对视等。

第二，客户认为产品价格高，犹豫不决。

如果是这种情况，说明客户并没有把价格当成唯一的决定因素，否则也不会纠结了，那么销售员就应当深入挖掘客户在乎的其他因素：品牌、售后，还是相关赠品？找出这些因素，就能让客户尽快下定决心。

第三，销售员推荐的产品不是客户想要的。

如果真的是这种情况，你就需要尽快转移话题了，因为一旦错上加错，会让客户对你彻底失去兴趣和信心，转而寻找其他销售员。那么如何判断你所推荐的正是客户需要的呢？如果客户不由自主地靠近你并有点头等小动作，那就说明成功了，反之，如果客户视线散乱或者脚步后移，那就说明你没有勾起对方的兴趣。

弄清了潜台词的成因，接下来我们就分析一下常见的潜台词。

第一，"我真的很忙！"

常见于那些收入较高、平时受人尊重的客户，他们说这句话时并非失去了信心，而是想要告诉销售员他们的时间很宝贵，请尽快把产品的亮点说出来，这样他们就能迅速决定是否要购买。如果你以为他们失去了购买兴趣，就要丢失一笔订单了。

第二，"我觉得责任在你。"

有些客户在购买产品之后会有各种不满意，他们经常说的话是："这个问题都是你的错，你需要给我一个解释！"作为销售员不要惊慌失措，而是应当理性分析背后的潜台词：客户的情绪很糟，他们的愤怒并非是全盘否定产品，而是对产品的某一个方面不满意。这时销售员应当解决这个痛点而非向客户道歉甚至退货，因为你道了歉、退了货，并没有帮助客户解决问题，他们仍然需要这一款产品，你的道歉和退货只是在回避问题，暴露了你的无能，客户下次就不会再找你合作。

第三，"你们比XX差太多了！"

有些客户喜欢和你的竞争对手做比较，常用的说辞就是："我觉得你们的产品比XX差太多了，他们会给我更低的价格和更好的服务。"遇到这种情况不必生气，你可以冷静地想一想，如果客户真的认为别人家的更好，为什么还跟你合作呢？客户之所以对你说出这句话，是针对某个让他们不满意的问题，作为销售员要耐心询问，积极主动地帮助客户解决问题，而不是赌气地把客户推到竞争对手那里。

第四，"我的钱不是大风刮来的。"

这句话并非代表着客户不想购买，而是看中了产品却没有看中价格，作为销售员有三种解决方案：告诉客户这个产品物有所值，证明定价是合理的；推荐给客户相对便宜的产品，但要指出和高端产品的差距；适当地让利，给予客户可以接受的折扣。总之，客户在表达"赚钱不易"这个信息时，他们内心对产品的消费需求还是比较强烈的，无非是想说服你降价而已。

第五，"产品很优秀，然而我好像并不需要。"

通常客户说这句话的时候，并非真的不需要产品，而是对销售员不够信任，没有足够的安全感。因此销售员应当平心静气地和客户沟通，尽量展示出自己专业、尽职、热情的一面，并把有关是否正品、售后情况等关键信息告知给客户，打消他们的顾虑，毕竟他们已经肯定了产品是不错的，这就是你们改变关系的转折点。

第六，"你认为值得吗？"

当客户说出这种话时，并非他们彻底否定了产品，而是缺乏足够的购买信心，也就是需要销售员让他们坚定"买这个产品很值得"的信念，从感性和理性上打动他们。这时销售员拿出真诚的态度和专业的讲解，基本上就能让客户下定决心了，当然也可以采取一些小策略，比如告诉客户"库存不多了"或者"已经有别人预定了"，这样也能迫使客户尽快作出决定。

古语有云："多闻阙疑，慎言其余，则寡尤。多见阙殆，慎行其余，则寡悔。言寡尤，行寡悔，禄在其中矣。"这段话表达出两个含义：多观察和多倾听。多观察，就是我们前面提到的对客户的微表情、小动作以及其他肢体语言的解读，多倾听就是深入理解客户的弦外之音，避免我们作出错误的判断，这样我们的销售工作才能越来越顺利，人生也会越来越圆满。

第五章

展现亲和力，让交谈变得更容易

1. 及时抓住客户心理
2. 对客户表示认同
3. 抓住客户的兴趣所在
4. 假设自己是客户
5. 多用"我们"少用"我"
6. 适当赞美客户

1. 及时抓住客户心理

相信每个销售员在面对客户时，都想知道对方心里在想什么，正所谓"知己知彼，百战不殆"。销售员和客户之间，很多时候如同一场博弈，谁先掌握了对方的心理变化，谁就能作出预判，做好提前准备，让交易过程按照自己预期的方向发展。

那么，如何才能抓住客户的心理呢？理论上，当我们对一个客户的言行举止进行分析之后，会对他们的个性作出一个大致的判断，从而了解他们的消费心理。但是，这是一种极其消耗时间的方法，很多时候客观环境并不允许销售员这样做，因为客户的购买意愿往往是在一念之间，当你还在分析他们的心理特征时，对方很可能已经转身去了另外一家店铺或者寻找新的合作对象。简而言之，及时抓住客户心理，要求的是一种高效率。

可是，高效率从何而来呢？我们不妨跳出对客户的具体分析，而是把他们当成是大众消费群体中的一分子，因为掌握群体画像是相对容易的，所以我们可以从此入手去锁定他们的心理特征。那么，大众消费者的心理特点又是什么呢？我们可以从以下两个特征进行分析：

第一，销售员的话具有较高的可信度。

也许有人认为，客户不都是认为销售员想要赚自己的钱吗？怎么又会认为销售员"可信"呢？的确，客户存在着对销售员的戒备心理，但这并不意味着客户对销售员是绝对排斥的。要知道很多客户在选购产品时，心中既没有一个明确的目标，对产品也不够了解，所以他们从内心深处是比较依赖销售员的，毕竟销售员对产品更加了解，也拥有着更为丰富的选购经验。因此，销售员在接待客户时，要把自己值得托付、可以信赖的闪光之处表现出来，比如适当地展示自己对产品的专业分析以及对客户的实际需求分析，哪怕只抓住一两个点，也能让客户对你产生信任感，而这正是消费者普遍存在的心理特征，当你尽快做到这一点时，客户往往就会打消"再去别处看看"的念头，你距离交易完成就更近一步了。

第二，求异心理人人有之。

大多数消费者虽然存在着从众心理，在选购产品时会比较盲目，但是他们也存在着一种求异心理，就是当别人购买某件产品时会产生抵触心理，因为这会让他们"泯然于众人"。对于这种心理，销售员可以在推销的第一句话中就使用出来："这款产品现在热卖，我给您介绍一下吧？"如果对方没有表现出很感兴趣的样子，那可能意味着他不想选购大众款，这时可以再追加一句："这款产品现在比较冷门，但是很富有个性。"如果客户听完这句话眼睛一亮，那就基本上可以证明他想要特立独行地消费一次，销售员就应该接着说下去，那么对客户而言，他认为你猜透了他的心思，也就及时地把他留在了你身边。

以上两个心理特征，是能够在短时间内留住客户的办法，它们一个是"让客户对销售员放心"，另一个是"让客户对销售员服气"。无论是哪一种，都会让客户产生"这个销售员有点意思"的感觉，他们就会愿意和你沟通下去。

除了从消费心理入手之外，掌握一些关键的销售语言也至关重要，它们可以在第一时间内打动客户，让他们不由自主地想要了解你推荐的产品。换句话说，销售员要懂得去说一些让客户高兴的词语。下面，我们就来简要盘点一下哪些词语最受客户欢迎：

第一，"独家特卖"。

其实这和客户的叛逆心理有关，但也不局限于这种心理，因为对有些客户来说，他原本只想购买一款大众产品，但是在听了这个词以后，会产生"尝鲜"的想法，毕竟人人都不想成为别人的复制品，对于这种特供型的产品或者服务是缺乏抵抗力的。而且"独家特卖"也暗示着产量不高，错过了可能就没了，这足以让客户不敢浪费时间。

第二，"简单易用"。

任何产品都是用来服务于人的，如果操作起来过于麻烦，大多数人都会望而却步，特别是对于一些融入了现代科技的产品，上了岁数的消费者都有本能的"恐惧感"。如果这时候销售员说了一句"简单易用"，就会瞬间吸引客户的注意力，当他们意识到能够轻松驾驭该款产品时，想要占有它的冲动就会越发强烈。

第三，"我敢保证"。

有些产品是消耗型的，不管好用与否都会很快使用殆尽，然而也有些产品是耐用型的，可以陪伴消费者多年，所以对于这一类产品，周到可靠的售后服务就非常必要，这也成为不少客户的"心病"：买到家里坏了怎么办？过了保修期怎么办？如果销售员能够在第一时间说出"我敢保证"这样的话，就能打消对方的顾虑，让他们快速作出决定。

第四，"堪称最佳"。

听起来这是一句自吹自擂的词，其实并非如此，销售员口中的"最佳"并非超越了同类产品的自夸，而是基于产品的某个特点给出的真实评价。对于消费者来说，拥有一款亮点十足的产品也是一种享受，同时还意味着该产品物有所值，不会花冤枉钱。所以销售员在介绍产品时客观地抓住一个卖点进行营销，也是能快速抓取客户的手段。

第五，"和它比较"。

无论从职业道德还是营销策略上讲，销售员都不该去贬低友商的产品，但这并不意味着不该进行比较，只是这种比较要突出产品的优势，不必直白地指出竞品的劣势，因为客户也会听弦外之音。当你对两款同类产品比较了一个或者几个主要方面之后，客户会在你的引导下对你推荐的产品具有倾向性。

如今是竞争激烈的时代，也是消费者选择困难的时代，能够在第一时间将客户留住，往往就决定了下一步的成败。因此，精准的心理分析和正确的营销话术，都能够坚定客户购买产品的信心，也是对销售员自身的形象营销，让客户对你产生足够的信任感，让你拥有更多的商机。

2. 对客户表示认同

或许销售员在完成一笔交易时，都会忍不住想一个问题：是什么原因决定客户是否要购买一件产品或者服务呢？如果我能了解这种心理现象，一定会对销售业绩有帮助。

不过，这个问题的答案并没有那么简单。

从根本上说，客户选购一件产品，是基于对它的需求，需求程度越高，购买的意愿也就越强烈，但是这个需求程度是很难量化的。打个比方，一个人在饿了的时候需要食物，这必然是刚性需求，但一个人在吃饱饭之后可能要剔牙，他可以选择购买牙签，也可以直接上手，这就是非刚性需求。那么对销售员来说，应当在客户准备上手的时候告诉他：这样做既不卫生也不够有效率，更不够优雅。还有一种情况，客户也知道某种产品可买可不买，他们处于犹豫不决的状态，这时销售员就应当对客户购买该产品的想法予以认同和肯定，打消他们的顾虑，推动交易进程。

如果这样说不够直接的话，我们可以换一个角度去理解：如果你是一个消费者，在购买某件产品时会出于何种原因呢？一种情况是这个产品刚好是自己需求的，另一方面是你的购买意愿得到了别人的认同，强化了你需要这个产品的想法，那么在不超出自己消费能力的情况下，掏钱买下就成为唯一选项。

现在你知道了吧？决定客户是否会购买一件产品，来自他人的认同非常重要。既然如此，销售员该如何清晰地表达这种态度呢？

第一，学会站在客户的角度思考问题。

如果你是一个服装销售员，就要从客户的职业、年龄、收入、社交圈子等实际情况入手，选择他们能消费得起、符合职业特点、能够被圈内人接受的服装，这样他们才会舍得花钱，否则你推荐的服装很可能是他们无法接受的款式或者容易被人吐槽的风格，那么客户只会认为你是在推销，并没有认同他，购买的意愿就大打折扣。

第二，深入研究客户。

有时候，销售员需要跳出客户和销售员这两个角色，从第三方的角度去看，因为换位思考也并非绝对客观的，我们应该注意客户是否具备使用产品的情境。打个比方，客户很喜欢一件衣服，销售员也想要将它卖出去，但其实客户并没有驾驭这款衣服的气质，那么销售员就要合理地给出意见，或许客户未必能当场接受，但经过你的介绍之后对方可能会忽然发现：如果穿着这件衣服见人可能会被人嘲笑，这种对客户的理性分析也是一种认同。当然，销售员的理性劝阻可能会丢掉一单生意，但换来的是客户的认同和信任，在未来极有变现的可能。

第三，拉近和客户的关系。

销售员要对客户表示认同并让对方感受到，这不仅是要靠一张嘴去阐述，更需要客户先对你认同，因为一个自己不信任的人表达的认同是毫无意义的。所以销售员要真诚面对客户，多表示对他们的关心和理解，这样客户也会对你产生依赖感，你的建议和意见就会对他们至关重要。经过多次接触之后，客户甚至会完全听从你的指导，这样认同的含金量就提高了。

第四，多了解客户。

了解客户的主要途径是多倾听客户讲话，从而判断客户的真实想法。同时，销售员也需要将自己的看法准确无误地告知对方，让他们知道你确实在认真倾听并给予了诚恳的建议，这样你的认同才更贴近客户的真实需求而不会显得虚假。当客户认为你足够了解自己时，他们很容易把你当成最贴心的导购，你们之间的交易次数会不断攀升。

第五，挖掘客户的潜在需求。

有时候，客户对自己的真实需求也并非了然于心，那么决定这个需求真伪的关键在于产品的价值，一个成功的销售员卖的不是产品而是产品的价值。打个比方，客户购买一部手机是为了手机本身吗？当然不是，是为了满足社交、工作、娱乐等多种需求，透过这些需求才能真正了解客户的生活状态，才能帮助他们作出正确的决定。

需要注意的是，认同不是拍马屁，而是对客户的自身品位、思维方式、审美情绪等方面的肯定，可以是社会地位上的，也可以是人格品行上的，还可以是消费理念上的，认同比单纯的逢迎要好很多，因为这事关客户对自己的评价，而逢迎只是一种强化而非认同。进一步说，你要让自己推荐的产品变成对客户的高评价，比如你推荐一款越野车时肯定了客户的冒险精神，你推荐浴室用品时认同了客户的生活品位……对方只有得到了认同才会内心喜悦，控制不住消费的欲望。

在分析了销售员对客户的表态方式后，我们再来探讨一下如何认同客户。

第一，肯定客户的身份。

心理学认为，人的"身份"层次影响着具体行为，也就是说人们会根据自身的定位去做与之相符合的事情。销售员想要卖给客户一件产品，首先要给予客户一个身份，一旦对方认可了这个身份，就会认同你的产品。打个比方，一对情侣过来买情侣手表，销售员想要推荐给他们价格较贵的一款，不妨这样说："我们这款表是上个月刚上市的，已经卖出了8对，主要是针对恋爱3年以上的情侣，而你们正好符合这个特征，我认为你们这种深厚的感情在今天相当不易，只有这一款才配得上你们的爱情。"这样一来，销售员给了情侣一个较高的定位，如果不买等于否定了他们的爱情，被其他情侣比下去了。

第二，用语言回应对方。

认同并非虚无的存在，它需要以正确的方式传递出去，而语言是最直接的表达，所以当客户阐述某个观点时，销售员不仅要面带微笑，还要在语言上进行回应，比如"您说的对"或者"我也是这么认为的"等，这样才能坚定客户的信念，也能让他对你产生好感。至于"嗯嗯""是"这种敷衍性很强的回应，建议不要使用。

第三，适当请教客户。

销售员不要认为自己是专家而客户是外行人，要适当地就某个问题向客户请教，让他们大胆地发表自己的看法，虽然客户说的未必准确，但销售员应当予以肯定，毕竟每个人对产品都有发言权，特别是准备购买的人，给他们发言的机会就是给自己的业绩拓展上升的空间。

第四，虔诚地多听少说。

除了语言上的肯定，销售员也可以通过认真且耐心的倾听去表达认同，而不是一味地说"是"，这样反而会给客户一种虚假感，难以对你产生足够的信任。而且专注的倾听本身代表着一种尊重，人只有被尊重了才能感觉到被认同。

人类看似强大，其实内心深处都很柔弱，也就是说每个人都渴望得到他人的认同和欣赏，这并非虚荣心作怪，而是人性使然。只有认同他人才能建立更亲密的关系，才能帮助销售员打开客户的心扉，这是一个良好的开端，也是双方关系的拐点。

3. 抓住客户的兴趣所在

俗话说：话不投机半句多。迎合客户的前提是找到对方的兴趣点，才有机会令对方心情愉悦。正所谓：与人为善要投其所好，与人交恶必是谈人所忌。试想一下，你和一个身高不足一米六的客户谈论打篮球，很可能让对方不适，和一个家庭主妇谈野外拉力也纯属尬聊。只有抓住客户的兴趣所在，才能找对沟通的切入点，借用这个点才能迎合对方，即便谈不成生意，客户也不会对你产生负面评价。

美国前总统西奥多·罗斯福是一个让人愉悦的人，他不论接见谁都能和对方愉快地聊天——无论是牛仔、骑兵还是政客，因为他的知识面非常宽，能够谈论和对方有关的话题，自然让人觉得相见恨晚。为何罗斯福能让沟通如此愉悦呢？因为在他接见这些访客之前，会打探对方感兴趣的话题并阅读相关资料。

卡耐基说过：如果想要交朋友并成为受人欢迎的说话高手的话，就要用热情和生机去应对别人。换句话说，打动人心的最佳方式就是找准话题以求得心灵共鸣，这是最高层次的迎合，也是最有效的沟通，因为没有谁会对自己不感兴趣的话题进行深谈，只有提及自己熟悉的、关注的话题才有参与感。尤其是作为销售人员，面对客户时必须将"对方的兴趣"和"你要推销的产品和服务"合二为一，才能在迎合对方的同时达到营销的目的。

找准兴趣点对营销有三大作用：

第一，缓和尴尬，为营销话术铺垫氛围。

销售人员在面对客户时，对方当然知道你的目的是赚他的钱，所以天然存在着戒备心理，因为他可能并不了解你本人以及你推销的产品和服务，这就会造成沟通时的气氛比较尴尬，而找准对方的兴趣点就能打破尴尬。

有一位推销员拜访客户时，对自己推销的产品进行了简单的介绍，让客户有了初步的了解，然而对方却没有表现出特别的兴趣，甚至有了些许不耐烦的征兆。推销员马上意识到自己引出的话题对方不感兴趣，这时他无意中发现对方办公桌上摆放着一本《国富论》，于是马上问客户："既然您这么喜欢《国富论》，我想听听您对亚当·斯密的评价。"客户一下子被提起了兴趣，说："我是从大学时代就开始看《国富论》了，对他的一些见解很赞同，尤其是他对未来市场经济的某些预言十分准确。"推销员马上从《国富论》聊到了市场经济，最后转移到了产品本身，终于打开了客户的心扉，产品也推销出去了。

第二，凸显产品或服务的独特价值。

抓住客户的兴趣只是迎合的开始，还要通过这个兴趣点为你的产品或者服务"造势"，让对方发现它与众不同之处，从而建立差异化优势。

打个比方，你向一个网络平台推销你们研发的聊天软件，基于对方的业务范围可能会感兴趣，但这个兴趣是针对所有同类产品的，如果你想让对方的兴趣度加大就要吊足他的胃口。比如这样介绍产品："现在市面上能够满足贵公司需求的聊天软件很多，但满足深度需求的就很少了，我们意识到了这一点……"因为"深度需求"能引起对方的兴趣，客户自然想知道你的葫芦里卖的是什么药，接下来你就可以继续介绍聊天软件的独创性：比如能够在网络平台内部检索大量的浏览共同点，从而寻找相似度高的好友。由于紧紧抓住了对方最关注的产品要素，你就能逐步展示出产品或服务的价值，过渡自然，感染力强。

第三，挖掘潜在兴趣。

兴趣有显性的和隐性的，显性的是明面上可以捕捉到的，隐性的是需要挖掘才能发现的。一个爱好健身的人自然对健身器械和健身馆感兴趣，这是显性兴趣；由于强身健体需要配合一些保健品或者体能饮料，这些就是隐性兴趣。只有当你发现了对方的显性兴趣，才有机会挖掘对方的隐性兴趣，这是一个由浅入深的过程。

一个大学生得知某公司因为规模扩大急需人才，于是前去应聘，结果发现很多应聘者在学历和工作经验上都超过自己，他的胜算不大。正在这时，大学生偶然听到人事经理打电话谈到了晚上要陪客户的事情，忽然意识到这家公司由于规模扩大，客户群体也一同扩大，连带着应酬活动也增多，于是轮到他自我介绍时，委婉巧妙地介绍了自己很有酒量，一下子引起了人事经理的关注，最后被录用了。

虽然我们不提倡将喝酒看成是一种工作能力，但这位大学生挖掘对方隐性兴趣的迎合术值得借鉴。很多销售员在向客户推销产品时，仅仅关注客户的显性兴趣而忽视了隐性兴趣，比如客户的家人需要什么、客户的业余生活需要什么，结果让商机从眼前溜走。其实，隐性兴趣能够创造的价值往往超过显性兴趣，因为它最容易被人忽视，是潜力巨大的蓝海市场。

抓住客户的兴趣点是迎合的关键，但很多时候我们并不能完全了解对方，尤其是面对陌生的客户时，这就需要你在沟通时随时注意观察对方的表情并认真分析，判断对方是高兴的还是嫌恶的，是集中精神的还是漫不经心的，这些来自语气、表情和动作的反应都能帮助你核对是否抓住了对方的兴趣点。

从认知心理学的角度看，人们习惯于以自我为中心思考，所以只有在谈论自己感兴趣的话题时才会投入最高的热情。作为销售人员要学会利用这个心理特点，让客户的注意力和好奇心充分调动起来，这样就能在短时间内拉近彼此的距离，消除心理隔阂。特别是在和客户交流时如何将沟通转化为商业合作，需要借用对方的兴趣打破他们的防御心理，你的销售业绩或许就能更进一阶。

4. 假设自己是客户

也许有人会问，销售员最应该做好的工作是什么？从表面上看，销售员要做的工作很多，有营销方面的，有服务方面的，有科普方面的，不过核心的工作只有一条：把客户的钱变成自己的钱。所以，如果一个销售员没有"忽悠"客户的本事，即便态度再虔诚、服务再到位、科普再专业，都不过是一团美丽的浮云，因为客户按住了他们的口袋。

身为销售员要懂得，不管是收入多么高的客户，钱都不是大风刮来的，所以在付款之前都会小心谨慎，这是几乎所有消费者的共同心态，因此销售员的所有策略和话术都要从这个点开始。如果你对此不容易理解，最直接的方法就是把自己当成客户，把客户准备花的钱看成是自己的血汗钱，这样视角和心态就会完全不同了。

当销售员真正站在客户的立场去思考问题时，才能知道他们真正需要的是什么。然而，有些销售人员总是存在一种错觉：有钱的客户，他们并不在意花了多少钱，而是会考虑怎样赚钱，省钱对他们来说是一件很丢脸的事情。然而，事实真的如此吗？

当然不是。

无论个人还是企业，他们考虑的问题首先是如何省钱，其次才是赚钱，甚至在很多时候会争取免费获得产品或者服务。有人可能觉得这是一种主观臆断，那你不妨想想：大多数公司都是从小到大一步步走来的，在公司初创时期，最缺的资源是什么呢？钱！所以省钱是大多数公司老总和团队最先学会的看家本领，也是他们本能思考的东西。同理，一个人从没有经济能力到成家立业，也要走过一段艰难的路程，而个人赚钱的压力通常比团体更大，因为没有别人可以依托，也无法逃避，所以只能注意节省开支。

当销售员把"大公司不差钱""有钱都任性"当成是一种必然时，你对客户的心理揣摩就出现了严重的偏差。

从心理学的角度看，省钱比花钱再赚钱更重要，因为人类的一个心理特点是：避免痛苦的欲念强于寻找快乐的欲念，也就是宁可得不到也不要失去。为何会有这种心理？这是因为人们在寻找快乐的同时很可能会遭受一些痛苦，很可能得不偿失，而避免自己受到伤害是人类的本能。

说到这里你也许反应过来了：让客户掏钱其实就是给他们制造痛苦！既然如此，怎样应对才是合理之策呢？很简单，用快乐去冲淡甚至抵消痛苦。因为只有当客户感觉到快乐的时候，他们才会意识到在购买某个产品或者服务之后，获得的价值远远高于价格，而这些是不能用金钱来衡量的，他们才会觉得这笔交易比较划算。

如果你不信，不妨看看那些拥有大量回头客的金牌销售员，为什么那么多人会反复过来"寻找痛苦"？还不是因为所得的快乐远大于痛苦吗？

那么，如何给予客户足够的快乐呢？

第一，要有成本意识。

当你把自己想象成客户时，你肯定会考虑类似的问题：我的一双鞋坏了，我是再买一双还是修理一下呢？或者等到反季的时候再换便宜的？如果不是冲动的消费狂，大多数人都会选择修理一下，而这就是成本意识。同理，当你来到鞋店面对两款价格相差较大的鞋子时，你也会考虑买贵的那双是否值得。这个"值得"尤其值得玩味，它包括穿起来的体验感、来自他人的评价、故障的维修费用以及使用寿命等。如果你的客户最终选择了价格便宜也就是对你来说利润最小的鞋子之后，你就不得不接受两个真相：你不是一个成功的销售员，或者对方不是你的目标客户。无论是哪一种，错误都在你，因为是你的销售技巧和看人技巧拖了后腿。

当一个客户来到你面前的时候，心中往往已经有了一个消费预算，这是他们的底线，一般情况下是不会打破的。销售员要做的就是两件事：第一，摸清这个底线；第二，尽量打破这个底线。

摸清底线，主要靠的是销售员的经验和话术，我们之前讲过很多，和打破底线相比，显然后者更为重要。那么，打破底线的利器是什么呢？那就是让客户明白所购产品或者服务的价值远远超过其价格，当你让客户明白这一点时，你的营销就成功了一大半。

不过，有些销售员会觉得很委屈：明明已经跟客户说了很多价格和价值的区别，但是客户就是听不进去。其实，这从客户的心理上讲也是正常的，因为对方知道你想从他身上赚钱，自然就会对你心存戒备，这是一个根本冲突。一个明智的销售员不是简单地想要消灭这个冲突，而是精明地绕开它，就像大禹治水采用疏导而不是封堵的办法。一般来说，遇到这种情况是因为销售员犯了两个错误：第一，没有和客户建立起足够的信任关系；第二，客户并没有真正意识到不买的损失有多么大。

作为销售员必须知道，想让客户通过购物获得心理上的快感，那就不能把自己定位为"从客户手中赚钱"，这样会让客户对你越来越警觉，正确的做法是把客户的钱当成是自己的钱，定位为"帮助客户省钱"，以此为出发点做营销，成功的概率就会高出很多。

美国人际关系学大师卡耐基，有一次租下了一家酒店的礼堂作为讲课之用，前几天还比较顺利，可忽然有一天酒店告诉他要将租金提高3倍，卡耐基直接找到了经理，但是他没有站在客户的角度去质问，而是站在酒店的角度表示了理解，说换作他也会涨租金。紧接着，卡耐基给酒店算了一笔账：

如果礼堂取消讲课而是举办晚会，赚到的租金会更多，但问题在于，取消了卡耐基的课，听众中成千上万的中层管理者必然感到不满，会对酒店产生排斥感，以后有什么活动都不会优先考虑设在这里。酒店经理听完了卡耐基的分析后，彻底被他说动了，于是打消了提高租金的念头。

卡耐基的成功之处在于，他没有以客户的身份去声讨谴责酒店，反而是变得比经理更加关注酒店的盈利状况，而且句句在理，所以轻而易举地说服了对方。那么作为销售员是否也应当借鉴这种思维和话术去劝导客户呢？

如今是一个竞争日趋激烈的时代，销售员要想超过同行，就必须用客户的思维去思考，这样提供的产品和服务才是高质量的。换个角度看，一个成功的销售员并不是对产品有多么了解，而是对客户有足够了解，这种了解正是建立在换位思考的前提下的。归根结底，换位思考就是提高销售员对客户购买行为的敏感度，对他们的心理有较强的识别能力。

拉斐尔是世界500强企业的人力资源顾问，他在退休后喜欢上了钓鱼，有不少年轻的管理者都会趁他钓鱼的时候向他请教如何维持客户关系。拉斐尔回答说：每天下午他都会在河边钓鱼，经过多年的实践发现，这里的鱼和他想象中的不同，它们不喜欢皮皮虾和荔枝，反而喜欢蛆，如果把这三样食物同时放入河中，鱼怎么选择就不言而喻。

拉斐尔用钓鱼进行了精妙的解释——销售员要懂得思考鱼的需求，而不是考虑"我认为什么东西最好吃"。销售员要想历练到这种程度，就必须关注细节，既具备足够的实战能力，又要有温文尔雅的态度，更要保持职业操守，不能为了赚钱而坑害客户。

为了让这种技巧烂熟于心，销售员可以在空余时间找人进行表演：假扮成客户，借用对方的思考方式来审视自己要推销的产品和服务，尽可能地还原情境，这样的感觉才是最真实的。如果没有这个条件，那么当销售员自己去购物的时候，可以记录和销售沟通的每个细节，尤其是自己作出了何种反应，这些都能帮助你更好地了解客户的心态。当然，还有一种看起来比较"笨"的办法，那就是委婉地询问客户："我刚才的推荐是不是您想要的呢？"用你的真诚，让客户尽量给予你一个真实的答案。这样，你才有机会洞悉客户的消费心理和相关行为，"钓鱼"就变得易如反掌了。

5. 多用"我们"少用"我"

相信很多销售员都知道，搞定客户最好的办法就是打感情牌，而最常见的方式就是套近乎。从心理学的角度看，套近乎是为了在销售员和客户之间建立认同感：让客户认同销售员是自己人，同时也让客户认同销售员的价值观，这样才能减少客户对销售员的抵触情绪，有利于产品的推销。

但是，套近乎也需要一定的技巧，有些销售员认为那不过是多说好听话、假装很熟悉罢了。应该说，这些只能算烂俗的技巧，可以使用，但最好不用，因为它太过程式化，反而会让客户觉得虚假。

真正的套近乎都是在不经意之间进行的，最明显的就是主语的使用。一个销售人员是否优秀，我们可以通过他和客户的沟通作出判断：如果他频繁地使用了"我"和"你"，那么他的销售业绩很可能一般；如果他频繁地使用"我们"，那他的业绩怕是名列前茅。原因在于，前者是真的把销售员和客户的关系对立起来了，而后者是在悄无声息中和客户站在了一起。

当销售员用"我们"去和客户沟通时，意味着双方的立场和利益都是重合的：销售员是帮助客户挑选产品的，而不是来大把地赚客户钱的。当然，销售员如果一开口就说"我们"也是欠妥的，正确的做法是以礼貌客套的方式开场，然后在进入推荐产品的环节中，悄悄地将"我"替换成"我们"，这样做是为了进行一个角色转换，让客户隐隐察觉到：销售员已经变成了导购助手，帮助他们选择最能满足实际需求的产品和服务。

当然，"我们"的正确使用只是一个很小的沟通技巧，仅仅会使用它并不能保你的业绩第一，但是通过这个词汇带给我们的启示，我们可以有意识地学习并掌握和客户"是自己人"的技能，也就是从陌生和对立的关系转化为认同和互助的关系，这需要我们在五个方面下功夫：

第一，避免生硬冷漠的态度。

有些销售员可谓熟读话术宝典，也精通各种读心术，但是一进入实操效果却不理想，为什么会出现这种情况？原因在于态度没有转变过来，面对客户不是生硬地说出"我们"就可以了，而是要带着亲和力站在客户身边，像陪死党购物那样建立一种陪伴关系，这才能突出"我们"蕴藏的人情味。毕竟，客户是有血有肉的人，并非设定程序的机器，绝不会因为一声"我们"就对你产生亲近感。当然，亲近感也不是靠肉麻虚假的话堆砌而成的，销售员应当学会表现出一种不卑不亢的感觉，然后再把自己想象成客户的朋友，这样建立起来的沟通氛围才是融洽自然的。相反，那种刻意拉近距离的举止反而会让客户警惕：等等，你是不是准备宰我了？

第二，让客户自我表达。

两个陌生人想要成为朋友，首先要做的是相互了解，正如相亲要先作自我介绍一样，只有这样才能增进彼此的感情，对销售员来说也就掌握了客户更多的信息。具体的办法是，引导客户说出自己比较擅长的、得意的个人信息，比如得知对方是设计师，那就多和客户聊聊有哪些设计作品，或者对方是医生，那就咨询一些医学常识，因为提到的都是专业领域内的事情，客户会比较放得开,这时候销售员再使用"我们"就容易被接受,像是朋友之间的闲聊,只有创造轻松的沟通氛围才能做好营销。

第三,适当关心客户。

和客户培养感情,不仅需要借助一些表达词汇,还需要表达出一种善意,也就是人们常说的"温度感"。比如,你发现客户说话时口干舌燥,不妨递给对方一杯水;或者发现客户呈现疲惫状,给对方搬过去一把椅子。如果不能确定对方是否需要帮助,委婉地询问身体是否不适也能让对方产生暖意。当然,上述的只是一些小技巧,作为销售员还可以借由话题切入,比如得知客户肌肉酸疼是因为搬家所致,那可以顺势询问是否家在外地或者单身等,然后给对方推荐价格优惠的搬家公司,在不涉及对方隐私的前提下,这种探究原因式的关怀更能显出真诚。如果能够找寻到共同点那就再好不过了,比如对方家在外地,你也是独自到异地打拼,这时候说一句:"我们这些外地人都挺不容易的。"对方和你的心理距离就缩短了,因为这句话是发自内心的,易于被客户接受,而一旦客户被你打动,接下来的推销工作就会容易很多。

第四,别让客户感觉不适。

有些产品的销售环境比较高端气派,而有些客户的消费经验相对欠缺,特别是对于奢侈品牌,通常在第一次购物时难免底气不足。特别是消费能力不高的人群,他们可能只是为了给别人购买一件贵重的物品才来的,手头预算有限,也深知自己不是常客,在这种心理的作用下,如果销售员不能拉近和客户的距离,很可能一句话就会让对方尴尬地离开。所以,销售员要通过经验去摸清对方的心理,如果发现存在不适紧张的情绪时,要用得体的微笑和生活化的语言让对方放松,而这时候一声"我们"就能发挥重要作用,减轻客户心中的不安。

第五，分享客户的喜悦。

无论是关心客户还是让客户放松，都只能证明你有为对方分忧的能力，而让人产生亲近感还有更好的方法——分享对方的喜悦。心理学家认为，人们在高兴时，更容易将聊天的对象记在心里并产生较高的评价，这是因为我们会把"快乐感"和那个人绑定在一起。自然，这种心理现象也适用于销售员和客户之间。打个比方，你和客户聊天时，发现对方神采飞扬，经询问得知他的孩子考上了名牌大学，那么一定要趁机赞美一番，然后再用"我们这些当家长的都是望子成龙，您是梦想成真了。"既夸赞了对方又表达出同样为人父母的不易，这个"我们"的含金量就高很多。当然，有时候客户也许没有什么喜事也是满面红光，那就不妨夸一下对方乐观的生活态度，总之不要忽视客户表达出的积极情绪，要及时作出回应。

销售的过程不仅是经济往来的过程，也是一个交友的过程，它不仅需要与客户建立信任感，更需要肯定对方、关心对方和帮助对方，即便某些客户警惕性较高，也并不意味着他们没有被他人肯定和关注的心理需求，只要销售员愿意尝试并努力，你的善意和诚意总会被对方了解和接受，而这些就是你营销工作的良好开端，也是和客户建立长期合作关系的保障。

6. 适当赞美客户

卡耐基说过："人性的弱点之一就是喜欢别人赞美。"

每个人都喜欢听赞美之词，这是人之本性，并非虚荣心作祟。对于销售员来说，如果能用几句没有成本的好听话拉近和客户的关系并促成交易，自然是无本万利的生意，何乐而不为呢？不过，赞美之词并非无原则地阿谀逢迎，稍有不慎反而会让客户觉得不舒服，进而认为你是一个为了利益满口谎话的人，对方还能相信你对产品的推荐吗？所以，掌握好必要的赞美技巧，才能让客户听得舒心、买得放心。

赞美要给人一种真实感，同时还要让客户心中暗爽。

所谓真实感，是指你的赞美不能过分夸大。有些销售员将赞美理解为戴高帽、拍马屁，结果赞美女客户时，明明对方皮肤黝黑却夸人家皮肤白皙，这是很难让人接受的甚至会认为是讽刺，所以赞美只能是略有夸大而不是无中生有。

所谓心中暗爽，是指这个夸赞有一定的力度，必须是让客户觉得很得意的事情，这样才能打动对方。打个比方，你接待一个美女客户，你想怎么夸赞对方呢？很多人的第一反应是夸赞她长得好看。乍一听似乎没毛病，可仔细想想问题很大：一个美女缺少别人夸她的颜值高吗？夸这个点能让她心中暗爽吗？当然不会。那该夸什么？夸平时很少有人注意到的，比如内涵，比如穿衣打扮的细节审美（搭配的小饰品、口红色号等），这些同样可以折射出一个人对美的品味，也能间接夸赞一个人的外在形象，还不会落入俗套，而这就是赞美客户的核心要诀。

当然，赞美客户不能生硬，而是要合理地插入，让客户不觉得突兀，这就需要在和客户沟通的过程中适当引入一些话题，从话题当中寻找夸赞点和开口的契机，因为只有在话题中，你才更能了解客户的心理需求，通常从三个方面入手：

第一，客户的兴趣爱好。

每个人都有属于自己的兴趣爱好，很多会伴随他们一生，融入他们的生命中，所以夸奖一个人的爱好能够最大程度增加客户对你的好感度。那么，如何发现客户的爱好呢？可以通过直接询问的方法，也可以通过观察客户的穿着、言谈去推断，当你确定客户拥有某个爱好以后，就可以适时地进行夸奖。比如，客户喜欢健身，你可以夸奖健身的人穿衣服好看、自律性强、有较高的气场等，总之要通过爱好给客户贴正向的标签，当然这个标签也不是随便贴的，而是要和你的产品挂钩，这样才能顺着话题扣到营销上。

第二，客户的擅长之事。

每个人都有自己擅长的技能，这些技能往往代表着一个人的核心价值，可能和他的职业有关，也可能和他的兴趣有关，还可能和他的某种信仰有关，也是值得一夸的亮点。比如，客户是理财师，心算能力很强，那么销售员就可以抓住这一点称赞对方："您看，我还准备拿计算器算呢，没想到五六秒钟您就算出结果了，这碗饭还真是高手才能吃啊。"这样的称赞既自然又带着一点崇拜，对方听了必然心中暗爽。当然，有人会问：如果客户没有擅长的事情该怎么夸？其实，这个问题本身就是错的，每个人都会有擅长之事，不过是分量有多大的区别，哪怕对方响指打得好、口哨吹得响，你都可以趁机恳求对方教教你，同样也是一种真实的称赞。所以，销售员要练就发现他人长处的眼睛。

第三，客户的观点和意见。

在和客户的沟通中，我们要尽可能地肯定对方，这就等于肯定了一个人的思维能力、审美取向等，而肯定本身就是一种高级的赞美，它可以是对社会地位的肯定，也可以是对人格品行的肯定，还可以是对消费理念的肯定。而且，肯定比直接赞美要好很多，因为这事关一个人的社会评价，赞美只是一种强化而非认同。进一步说，你要让自己推荐的产品变成对客户的某种肯定，比如你推荐一款越野车时肯定了客户的冒险精神，你推荐的浴室用品肯定了客户的生活品位……一旦对方得到了肯定，自然会内心喜悦，想不买都不行了。

除了寻找合适的切入点之外，销售员要懂得活用赞美的技巧，也就是说，手段越丰富，效果越好，这里有三点技巧以供参考：

第一，背后赞美更能展示善意。

背后赞美和背后议论是两回事，有人总觉得背后谈论客户是不对的，其实这要看你谈论的是什么。如果你是在背后赞美客户，这本身就是善意之举，能够让你的真诚被客户感知到，也许有人担心：背后赞美客户听不到怎么办？那就增加赞美的频率和说话的场合，这样总会有人帮你传递出去，只要传出去一句，其效果远超当面赞美客户十句。

第二，间接赞美更有诚意。

有时候直白的赞美会让客户无感甚至反感，尤其是针对企业客户的对接人，他们每天都要面对各种销售人员，所以对各类赞美之词早就具有免疫力了，任凭你挖空心思也很难想出打动对方的话，那么这时候不妨间接地夸赞对方。打个比方，你本来想夸客户的衣品不错，如果直接说"您的衣品很好"，感染力肯定一般，不如这样说："难怪听人说这个牌子的用户都是高级消费人群。"这样的表达方式就委婉了许多，客户听着会觉得很自然。

第三，以面带点效果更好。

当我们发现客户具备了某个优点之后，我们最好不要被局限在这个优点上，而是要把它合理地放大，从而展示出客户在某方面的优点，这就等于升华了思想境界，让客户心中暗爽的程度更高。打个比方，你接待的客户对孩子很好，给他们购买了很多高档学习用品，如果只是夸"点"是这样说的："您真是一个称职的家长。"如果"以面带点"就是："您对家人可比对自己好多了，我觉得您也偶尔好好慰劳一下自己，要不试试这款产品？"这样的表达就从"对孩子好"升级到了"对家人好"，高度上去了，还合理地导入到营销主题中，客户自然愿意和你建立合作关系。

赞美客户，是沟通技巧中的一部分，也是营销的常规武器，它的很多技巧看起来简单其实操作有难度，因为人性是很复杂的，不是单纯地赞美就能收获对方的好感，也不是批评就会遭到对方的怨恨。如何打动人心，需要销售员用心琢磨，了解客户最真实的消费需求和消费生活以外的生活状态和人生经历，只有分析出这些个性化的特征，才能让一声赞美之词直击要害。

第六章

面对不同类型的客户

1. 果断型客户喜欢简明扼要地交流
2. 保守型客户喜欢严谨的逻辑
3. 冲动型客户有强烈的占有欲
4. 傲慢型客户渴望极高的尊重
5. 精明型客户最愿意被真诚对待
6. 挑剔型客户易被完美细节征服
7. 寡言型客户需要引导性的提问
8. 强势型客户喜欢享受征服感

1. 果断型客户喜欢简明扼要地交流

销售员是和人打交道最多的职业之一，每天都会面对各种不同的人，他们有的性格张扬，有的生性内敛，有的平和亲切，有的冷若冰霜……虽然人的性格没有绝对的好坏之分，但是我们总希望和阳光、温和、宽容、正直的人接触。不过可惜的是，销售员是没有权力挑选客户的，尤其是在钱物交易的背景下，人更容易暴露出性格中的负面形象，这就需要销售员针对不同的类型采取不同的应对策略。

当然，有些客户很容易应对，他们性格直率，说话简练，不喜欢绕圈子，销售员介绍得越简短他们越喜欢，这一类客户就是果断型客户。

根据心理分析，果断型客户还可以细分为两种类型。

第一，豪爽型。

这类客户非常直爽，有什么话会直接说出来，不会让销售员费尽心力去揣摩。而且不论他们购买何种商品，打定主意之后往往不会犹豫，付款之后也不会后悔，即便产品出现了问题，他们也能欣然接受售后流程，不会找太多麻烦。

第二，热血型。

这类客户和豪爽型稍微不同，他们并不是性格多么直爽豁达，而是经常三分钟热血，销售员说什么他们就信什么，几乎不会考虑自己是否真的需要，而且很少跟销售员讲价，哪怕是真的后悔了也不会说出来，因为他们并不喜欢和别人发生冲突。

不论是豪爽型客户还是热血型客户，他们相比于其他类型的客户都更容易沟通，也会少很多麻烦。对于销售员来说只要把握住一条法则即可，那就是进行简明扼要的沟通，不要浪费彼此的时间，因为这是果断型客户最喜欢的交流方式。

古时候有一个秀才，家里做饭没有柴了，他就急着去街上买柴。刚巧一个樵夫从对面走过来，秀才说："荷薪者过来！"樵夫听不懂"荷薪者"的意思，只听懂了"过来"，就将柴火担子放在秀才面前。秀才说："其价几何？"樵夫只听懂了"价"，就说出了价钱。然而秀才又说："外实而内虚，烟多而焰少，请损之。"意思是木材外干内湿，不能完全燃烧，应当便宜点。这回樵夫彻底听不懂秀才的话了，于是挑着担子离开了。

秀才家里等着做饭，可他却不能简明扼要地说出自己的需求，反而浪费彼此的时间，樵夫自然没有耐心等下去。同理，面对果断型客户，销售员如果像秀才一样说了一堆无意义的话，只能引起对方的反感，因为他们没有那么多耐性，更讨厌拐弯抹角的沟通方式。

既然如此，销售员在向果断型客户展开营销话术之前，要在脑子里将要表达的内容筛选一下，用富有逻辑性的语言符号增强表达效果，比如"第一""第二""第三"等字眼，这能让你分清主次，也能让对方听得明白。另外，快速介绍产品的诀窍在于随时观察对方的情绪变化，如果发现对方情绪焦躁或者沮丧，就要马上回顾自己刚才说过的话是否描述了关键信息，进而确认客户是否愿意听你表达的内容。当你没有习惯这种沟通模式时，可能会觉得有些疲惫，不过只要坚持使用并养成习惯，很快就能提高你的沟通能力。

记住，在和果断型客户沟通之前，不要为了满足客户的需求而说违心的话，不能让沟通的中心偏离营销的重点，这样才不会扰乱你的沟通思路，这需要我们在三个方面做好准备：

第一，明确表达重点。

当销售员面对果断型客户时，也许要介绍的东西很多，但必然有主次之分，只有弄清主题才有精简的抓手。比如，你想对客户介绍一台冰柜，不要长时间讲参数，而是直接从节能、保鲜等几个关键点上介绍，尤其是"1度电"能让冰柜工作多久必须让客户知道，因为果断型客户喜欢直观地分析问题，你交代了重点信息，对方的决策才能做得更快。

第二，增强表达的感染力。

有些销售员在讲话时喜欢使用华丽的辞藻，这是为了让产品变得高大上起来，其实这对于果断型客户来说没什么实际效果，只会被当成无用信息被筛选出去。所以我们在和果断型客户沟通时必须遵守一个原则：和营销重点无关的词句必须删除。这样做不仅是为了节省时间，也是为了增强表达的感染力。

第三，避免使用口头语。

很多销售员都有讲口头语的习惯，而这恰恰是果断型客户最反感的恶习，因为口头语过多会干扰他们的理解，也会让你的表达显得不够专业，比如"嗯啊""那个"等。在客户听来，口头语传递的是无价值信息，有时候还会引起不必要的误会，比如有人喜欢说"我觉得吧"，这个用语似乎表达了销售人员比较主观的态度，没把客户放在眼里，果断型客户会觉得你很拖沓，很可能一走了之，所以这个习惯一定要改掉。

说一千道一万，要想在沟通中快速抓住果断型客户，就要在开口前运用逻辑分析能力为自己的话排列出先后顺序，将你要传递的信息转化为客户能理解的形式，要在过渡和转折时顺理成章，避免牵强附会。

古人云："立片言以居要。"意思是用最简练的词语描述最丰富的内容，起到一语中的的作用。销售员的营销话术是一门艺术，也是一门技术，尤其是在面对果断型客户的时候，如何节约时间并提高效率，决定了生意最后是否能顺利成交，也会影响客户对你个人能力的评判。

2. 保守型客户喜欢严谨的逻辑

相信有不少销售员遇到过这样一类客户：他们的思维跟不上时代的发展，一旦认同某一个品牌半辈子都不会换，对于他们自己的观点极其地坚守，对于合理性的建议很难接受……他们就是保守型客户。虽然这类客户并不是脾气不好或者修养较差，但是因为他们固执己见，不肯接受新生事物，所以想要说服他们往往难上加难，让不少销售员为之头疼。

其实，保守型客户很多时候并非思想僵化，而是他们自己拥有一套严密的逻辑，而他们钟爱的品牌或者产品外观风格正是符合了这些逻辑。既然如此，销售员要说服他们就得用同样严密的逻辑，改变他们的固有认识。

面对保守型客户，销售员最失败的沟通策略就是想到什么就说什么，因为这对于客户来说毫无说服力，要想建立一套严密的逻辑体系，就要在推销前或者推销过程中整理出一个"营销大纲"，这需要做好六个方面的准备：

第一，做好万全的应对策略。

任何销售工作都不可能永远按照既定的思路进行，尤其是面对保守型客户，所以应当在沟通前制定好灵活的预案处理，防止对方质问你的时候手足无措。当然，做预案时要尽可能地考虑到一切意外因素，将所有可能发生的情况都逐条写出来，确保万无一失。当然，有的销售员觉得这样岂不是太浪费时间了？其实，很多保守型客户的思维方式非常相近，你列出的这个预案可以多次使用，甚至能应付若干个保守型客户，非常实用。

第二，寻找"破冰点"。

当你列好大纲之后，还要弄清自己如何在营销中作出让步，因为你一开始推荐的产品可能被客户直接否决，即便你能想出应对策略也不保证一定成功，所以要事先考虑到怎样破冰。比如客户对产品的设计理念不能接受，那你是否可以找出一款替代产品？再比如客户对产品前卫的功能嗤之以鼻，那么你是否能现场展示这个功能有多么实用？只有当你考虑到这些意外因素时，才能找到打开客户心门的突破口，他们的保守态度也会在你的充分准备之下渐渐改观。

第三，保持平和的心态。

个别的保守型客户，他们天然存在着某种攻击性，也就是对自己不喜欢的产品一口否定，或者对推荐这些产品的销售员恶语相向，这是很难提前作出预判的。所以如果真的发生了，销售员也不要生气，要把这种攻击性看成是观念隔阂造成的误解，而不是对方有意要让你难堪。只有保持平和稳定的心态，你才能找到搞定对方的办法，否则你自己的情绪都错乱了，还谈什么逻辑呢？

第四，和对方保持相同频率。

"频率"是早些年的流行词汇，意思是双方保持在相似的认知状态，不能你说东他扯西，这样就无法正常交流，特别是对保守型客户，他们也可能知道自己和多数人想的不一样，如果你能表现出和他们具有某种共同点，谈下去就会容易得多。比如："原来我也和你一样，没法接受这类产品，因为我也觉得这些功能是多余的，可后来有一件事改变了我的看法……"这样的沟通技巧，先是表达出"我和你一样保守"再去解释观念改变的原因，这样的说服术才是有理有据、符合逻辑的，对于保守型客户来说更容易接受。

第五，避免产生情绪问题。

有些保守型客户，将自己坚持的观点视为信仰，如果你一不留神攻击到了他们的信仰，他们很可能会不满甚至是敌视你，继而失去应有的逻辑性，变得主观化和情绪化，这样你的沟通策略就无法施展了。所以，一旦察觉客户情绪有变，你必须马上化解这种负面情绪，比如讲一个小笑话，或者给客户送上一杯水等，当你逐渐明确了对方的底线之后，就要绕开它们，在客户能够接受的范围内进行营销，这才能回到"以逻辑对抗逻辑"的营销方针上。

第六，挖掘核心利益。

有时候，客户之所以表现出保守的态度，是因为他们没有意识到购买某产品或者某服务之后自己会得到什么好处，所以才会本能地排斥，而销售员要做的就是挖掘客户的核心利益，让他们知道购买产品并非浪费钱，而是能够提高生活品质或者工作效率。即便你说得没有那么到位，但是当客户意识到你在为他考虑的时候，你的营销逻辑也就具有了可信性，对方就会愿意相信你。

营销是一门技术与艺术相结合的语言交互过程，技术是指措辞用语上的窍门，而艺术是在和客户接触时表现出来的态度，这些都对最终结果产生重要的影响。面对保守型客户，销售员不必把他们当成是难以对付的"怪人"，而是把他们当成一道难度中等的数学题，按照他们的逻辑先精准地分析，然后再用自己擅长的解题方法去攻破它，这样既能减少压力，也会提高成功的概率。

3. 冲动型客户有强烈的占有欲

在销售员接待的客户中，有这样一类人，他们说话速度快，动作也非常敏捷，如果你在推销的过程中稍微慢了一步，就可能引起对方的不满，这种客户就是冲动型客户。根据心理学家的分析，这类客户做事不拘小节，喜欢简单直白的沟通方式，不太喜欢动脑子，也不会强迫自己做不喜欢的事情，有时候得罪人还不自知。

听起来，冲动型客户比较不好控制，甚至还有点暴力倾向。其实，这类客户有一个非常显著的特点，就是占有欲极强，换句话说，他们消费的根本动力不是有多么需要这种产品，而是想要在消费中获得乐趣，也就是俗称的花钱买快乐。

针对冲动型客户，销售员应当吃透"花钱买快乐"的具体含义：客户买产品不仅仅是为了满足工作或者生活中的某些现实需求，还可能是为了满足某种心理需求，比如虚荣心。所以销售员不仅要卖给客户让其开心的东西，也要在整个销售的过程中给予对方精神上的愉悦。

对于冲动型客户来说，他们的脾气不会允许他们在消费中忍受哪怕一丝不痛快，因此销售员就要始终关注在这个点上，做到善解人意，学会换位思考，时时处处让客户笑口常开。换个角度看，客户如果在和你的交流中收获一份好心情，自然会对你产生良好的印象，这将关乎你的销售业绩。

那么，如何才能让冲动型客户的占有欲在消费中被充分满足呢？主要有五种方法：

第一，推荐给对方匹配的产品。

既然是"匹配"，那就不能太脱离现实，要让客户有真实感，比如你推荐的护肤品明明只适合干性皮肤的女性，却非说适合油性皮肤的女性，这样不匹配的推荐很难得到对方的认同，快乐的点对方感受不到，当然就不愿意付钱。所以销售员必须用心分析客户自身的特点，才能找到适合对方的产品，而"适合"正是占有的前提。

第二，告诉客户购买之后会很快乐。

占有欲不是简单的拥有，而是获得之后会产生很多附加的快感。然而有些产品不是现场就能进行体验的，所以客户心中存在着不确定性，这时销售员就应当告知对方：购买这件产品你会变得更加快乐。只有这样，才能让客户通过想象提前享受到占有的快感，坚定购买的决心。打个比方，你要卖给客户一部微单相机，与其介绍像素、感光元器件这些产品的硬指标，不如告诉对方："您有了这台相机，可以带着女友出去外拍，效果比手机强百倍，还能为您增添一股文艺范儿。"这样的表达，就会让客户感受到购物之后的快乐，刺激他们的购买欲望。

第三，强调产品的与众不同。

占有欲有一个隐藏的台词是："我的和别人的不同。"这是一种带有炫耀和自夸的心理特征，也是人之常情。作为销售员要学会利用冲动型客户的这个特点，让客户认为自己买到了别人无法拥有的产品，即便客户并不是很需要，也会因为能够独自占有而开心。所以在推销时可以多强调一下"这款是限量版""已经是最后一件了，以后也不会再出了……"之类的话，客户听到这种说辞往往没有精力去分辨真假,而是沉浸在占有商品之后对他人炫耀的快乐想象中,营销的成功率就提高了。

第四,让销售过程充满乐趣。

这个招数不是针对销售员的话术,而是针对销售环境和沟通氛围的,比如装修风格另类的展厅、造型独特的柜台以及打扮成各种卡通形象的导购人员等等,总之需要有让客户眼前一亮的东西,让他们享受到从未体验过的一种快感。这种快感会刺激他们对店里销售产品的占有欲,而当他们的情绪处于亢奋状态时,才容易接受你的销售建议,付钱就只是时间问题了。

第五,制造产品稀缺的假象。

占有欲的本质心理是"我得到了别人没有的东西",这才是占有的快感,如果一个产品烂大街的话,即使占有又有什么意思呢?所以,诱导冲动型客户消费的策略就是,营造出产品数量不足的假象,比如"您稍等,我查查库存""这款产品就剩下最后两件了"等话术,能够激发他们快速购买的决心。当然,这种营销策略并不高明,但是对于冲动型客户来说,他们不喜欢深入思考,很容易轻信于人,所以这个套路是屡试不爽的。

无论冲动型客户的消费能力有多大差别,他们都希望花钱购买的东西"物超所值",这个"物"并非局限于实际存在的物品,还包含了你给予客户的尊重、认同、虚荣心的满足以及快乐等多种情绪体验,而这些恰恰又是用钱难以买到的。掌握了客户的这种心态,我们就知道应将话题引入哪个方向,从而让客户"深有体会"。

每个销售员都想和客户建立长久稳定的关系,但这不是一个通过套近乎就能完成的工作,需要你帮助客户满足他们的占有欲,或者说是给对方送去快乐。当客户通过购物买到快乐时,这种快乐会让对方上瘾,会不由自主地想再次和你交易,甚至还会向身边的人推荐你。一旦营造出这种深度联系,冲动型客户就不再是你的麻烦,反而会变成你的销售业绩。

4. 傲慢型客户渴望极高的尊重

在形形色色的客户中，最让销售员头疼的就是傲慢型客户了，因为这类客户不仅缺少礼貌，而且独断专行、自我意识极其强烈，很难被人说服，导致成交率不高，所以销售员避之唯恐不及。

虽然接待傲慢型客户有一定的难度，但是如果仔细分析一下会发现，其实他们想要的东西并不复杂，最核心的就是自尊感。只要满足了这个要求，傲慢型客户也不是那么难对付。

自尊感也叫自尊，是人们基于自我评价产生的一种自重、自爱，同时要求得到他人、集体社会尊重的情感体验。自尊有强弱之差，如果过强就会变成虚荣心，如果太弱就会变成自卑。可以说，每个人在潜意识中都希望维持自己的人格和尊严不被别人侮辱，自尊心对于人们来说有时比生命还重要。

对于销售员来说，应当从"自尊"这个人性的弱点出发，维护傲慢型客户的自尊心，如果销售员不能意识到这个问题就会导致营销工作失败。有人认为这是很困难的事情，其实学会维护客户的自尊心很容易，在推销的过程中，首先要尊重客户的立场和利益，不能只想着如何把产品卖出去，因为这正是忽略客户自尊的表现，下面我们就来分析一下。

第一，嘲笑客户的专业知识。

打个比方，如果你是一位喷漆工具的销售员，正和客户谈一笔生意，客户对农具并不是很懂，上网搜索了很多资料并打印出来，以此来维护他们的自尊——对产品有一定的认识。然而当你看了客户提供的资料之后，发现上面很多品牌的喷漆工具售价低于你的售价，于是对客户说："您查到的这些资料并不准确，有些已经落后了，而且网上的报价通常都偏低，这个您不懂。"这样的回复就是否定了客户的准备工作，是对客户尊严的一种践踏。毕竟在多数情况下，销售员肯定比客户更了解产品，相当于内行对外行介绍，这是一种信息不对称，也让销售员有机会发挥话术优势，但是如果不懂得合理把握，就会惹恼傲慢型客户，赢了辩论输了生意，得不偿失。

第二，只谈产品的优点。

如果你是一位手机销售员，一位客户来到柜台前挑选了一部手机，然后询问你这款手机有什么缺点。为了完成交易你马上摇摇头："我们这款手机是最新上市的，采用的都是最先进的技术和材料，不可能有缺点的。"这话听起来自信满满，维护了品牌的形象，却正面反驳了客户的质疑，会让客户的自尊感受到打击，成交的概率自然就下降了。这种忽视客户自尊感的话术，就是典型的片面营销，即销售员只顾着谈手机的优点而没有去谈缺点，更重要的是对客户的提问和质疑置之不理，这是傲慢型客户最为讨厌的态度。

在分析完了容易惹恼傲慢型客户的两个常见错误后，再采取下列3种有效的措施化解他们的傲慢。

第一，以谦虚和谨慎的态度应对傲慢无礼。

傲慢型客户往往喜欢隐藏自己的缺点，所以他们在购物之前要么做好了准备，要么不发表意见，总之不会让你看出来他们是外行。由于不愿意谈及缺点，导致销售员很难快速了解他们的弱点，但这也无所谓，因为你需要做的是给予对方较高的评价。为此，销售员应该始终保持谦虚谨慎的态度，每说一句话都要考虑再三，不要谈论客户的缺点，以此来换取对方的信任，当信任感建立之后，一切就好谈了。

第二，适当地给对方"戴高帽"。

傲慢型客户往往喜欢抬高自己打击别人，以此来证明自己并不比别人差，这是为了弥补心中的自卑感，从而获得心理上的满足。既然如此，销售员可以在某些方面展示出不足，比如在审美品位上可以故意输给对方，但是在专业领域一定不能认输，因为这会让对方怀疑你的能力。如果客户揪住你的某个"缺点"不放，最好采用礼让的方式避其锋芒，尽量适应他们的表达方式，因为你不是和他们长期做朋友，只要维系正常的商业合作关系就好，所以有些缺点完全可以容忍。

第三，给对方留下良好的印象。

傲慢型客户往往把自己的位置看得很高，这种"高"并不局限于社会地位，而是通常反映在彼此的兴趣上，比如会打击销售员的某个业余爱好，以此来彰显自己的高雅。遇到这种情况，销售员当然不必怼回去，而是顺势承认自己的爱好不够高大上，再把自己要推销的产品贴上"高大上"的标签，这样一来，对方就骑虎难下了。需要注意的是，承认自己的"下里巴人"并不等于证明自己的能力差、形象讨人厌，相反，你要表现出得体的言谈举止，只有保持这种做派才能让客户渐渐意识到：你们之间的差异并没有那么大，你所谓的"下里巴人"只不过是一种误解罢了。只有当你们处于相差不大的层级时，傲慢型客户才愿意接受你的建议。

自尊心是人类普遍存在的心理诉求，只不过在傲慢型客户那里被进一步放大了。有人认为这是一种心理缺陷，其实我们可以辩证地去看：自尊感既能够转化为弱点（对销售员言语粗暴），也能够转变为优势（为了面子盲目下单），关键在于人们如何看待和利用它。我们都希望别人尊重自己，自然也要以同理心去维护傲慢型客户的自尊，这不仅是做人的基本原则，也是一种促成交易的营销之道。

5. 精明型客户最愿意被真诚对待

在销售员面对的各类客户中，有这样一种人，他们工作认真，处事谨慎，善于把握细节问题，这也让人们和他们沟通时必须小心翼翼，否则暴露出缺点之后会被他们嫌弃，影响自己的形象。而且，这一类客户十分讨厌被欺骗，即使是善意的谎言也不行，他们就是精明型客户。

通常，精明型的客户分为两种类型，一种是"尽责型"，另一种是"执着型"。针对不同的类型应该采取不同的策略。

第一，"尽责型"客户。

这种客户做事非常认真，具有极强的分析能力，几乎任何小问题小毛病都逃不过他们的法眼，这也导致了他们对人和事物都非常挑剔，总是以一种审视和批判的态度去看人，让他们很难相信一个人，尤其是陌生的销售员，所以属于比较难缠的类型。

销售员面对这类客户时，要懂得分析他们的真实诉求，让他们知道你是一个好帮手，这样才能让对方产生足够的安全感。不过，这类客户的缺点也会转化为优点：他们在接触的前期是比较难以合作的对象，然而从长远来看，他们相对于其他类型的客户更为稳定，只要他们认可了你，轻易是不会换人的。当然，这并不意味着你们建立合作关系以后就可以放松懈怠，你仍然需要保持足够的专注度，因为他们还会在合作之后继续考察你。

第二，"执着型"客户。

这种客户性格稳重，态度严谨，他们和"尽责型"客户的最大区别是，他们更为看重的是合作对象的道德而非能力，也就是说他们可以容忍你在专业领域内的小缺陷，但绝不会容忍你低下的道德水平，因为他们认为这是不可僭越的底线。

销售员面对这类客户时，要做好准备工作，比如自己的销售记录、行业口碑等，因为这些是对方经常会考察的对象，一旦发现你在这方面存在着瑕疵就会放弃与你合作的念头。当然，这一类客户也喜欢建立长期的合作关系，他们对陌生人是比较排斥的，而是更喜欢合作多年的生意伙伴，因为验证一个人的道德水准十分耗费时间。

无论是"尽责型"客户还是"执着型"客户，对待他们的"终极法宝"就是真诚。

归根到底，销售员和客户的亲疏远近主要还是受到沟通效果的影响，造成这个效果的因素就是销售员和客户沟通时是否具有感染力：感染力越强，对方越容易动情，就越容易和你产生亲近感，越能提高成交率。那么，感染力来自哪里呢？

国外一位心理学教授说："一个人的面部表情越真诚，他的表达能力越强，就会越吸引他人去效仿。人类面部及体内的肌肉纤维可以在人无意识的情况下被激活，你还没有察觉到的时候就已经开始去效仿别人的情绪了，而这种效仿的能力要比你去率先流露这种情绪更容易。"简而言之，销售员要拿出足够的诚意，才更容易把良好的情绪传递给精明型客户，营造一种温馨融洽的气氛。

如果精明型客户想要购买一样商品，销售员对他们而言是什么？是一个专业的、内行的、能够给客户提供有价值建议的专家，但是因为一些销售员片面追求业绩而忽视了客户的利益，导致客户对销售员天然存在一种怀疑：

你给我推荐的是我真正需要的吗？你给我推荐的是能给你最多利润的吧？由于存在这种心理，销售员才更应该用真诚和客户交流。那么，销售员怎样做才算是真诚对待客户呢？

答案就是，销售员应当不断和客户进行深入的交流，把客户当成朋友，通过交流来获得客户的最大信任，这样才能促使客户说出真实的诉求，然后依靠销售员的专业分析和介绍，为他们提供答疑解惑的服务并最终推荐最合适的产品和服务。当然，销售员可以用套路促成客户完成交易，却不能用套路坑害客户，这是作为行业人员的基本准则。

对于销售员而言，能否抓住客户的真正需求，是决定你和客户关系能否稳固的关键。一个销售员应当知道哪款产品对客户来说是最需要的，客户购买之后有多大收益，需要为客户重点介绍哪些功能……只有解决这些问题，才能稳定你和客户的关系，否则客户会认为你不够专业，甚至会认为你缺乏起码的真诚，凭什么还要相信你呢？

既然真诚是应对精明型客户的法宝，销售员就应该从四个方面入手：

第一，要有良好的形象。

良好的形象包括端正的仪表、整齐的着装、文明的举止以及得体的话术等，这能让客户觉得很舒服，经过交谈又会认为你很文雅。试想一下，如果一个销售员外表邋遢、谈吐粗俗，如何让一个精明的人感觉到真诚呢？也许你的外在形象不能让客户绝对满意，起码客户也不会排斥你，你还有机会继续展示你的专业能力。

第二，要足够了解产品。

一个销售员如果对自己推销的产品都不了解，何来真诚？客户只会认为你是一个浑水摸鱼的老油条，除了天花乱坠地吹嘘产品之外一窍不通，很难对你产生信赖感。特别是精明型客户，他们会在和你沟通的过程中考察你的专业能力，一旦你表现出了对产品的片面认识，印象分就会跌落到最低。

第三，要敢于指出产品的缺点。

一个优秀的销售员绝不会为了推销而推销，更不会强卖垃圾产品给客户。有些销售员为了业绩，把产品的缺点吹成了优点，把优点吹成了独一无二的卖点，这在精明型客户面前完全是低级伎俩，很难奏效，所以不妨大胆地指出产品的缺点，这样反而容易获得对方的认可。

第四，要为客户解决售后问题。

无论多么优质的产品，也难免在使用过程中出现问题，所以销售员不要认为客户付款之后就万事大吉了，应当本着负责的态度对客户进行售后追踪，看看他们是否真正买到了适用于自己的产品。一旦发现产品存在问题，就要为客户及时解决，这样才能凸显你的真诚，客户才有可能把你推荐给其他消费者，因为在精明人眼里，交易完成后的表现更能验证销售员的职业操守。

总之，与精明型客户的合作不能操之过急，首先树立起良好的个人形象才是最重要的，而其他的营销策略都应该以此为中心，用真诚激发出感染力，再用真诚规范自己的行为，这样才能获得精明型客户的心。如果一味地钻到钱眼里，反而会遭到对方的鄙视和嘲笑，到那时就什么手段都难以挽回了。

6. 挑剔型客户易被完美细节征服

在这个世界上，没有哪个销售员愿意和挑剔的客户打交道，因为这一类人总是吹毛求疵，变着法地给商品挑毛病，甚至可能会故意夸大商品的缺点而压价，或者是对销售员故意刁难。不过客观地讲，中国的消费者和西方的消费者相比，大部分还是比较好说话的：如果买到质量不好的东西要么退换，要么自己吃哑巴亏，而同样的事情如果发生在西方，很可能会对簿公堂，因为在西方人眼中，花了钱就有权利提出要求。

正因为大多数中国消费者不愿意吹毛求疵，所以才让那些看起来很挑剔的客户显得比较另类，他们很像是家庭中叛逆的小孩，会对父母和老师的话提出质疑而不会轻易屈从。然而事实上，叛逆的孩子更容易管教，因为他们已经明确提出了要求，只要你能满足，他们基本上就会心服口服。从这个角度看，挑剔型客户并不可怕：第一，他们明确提出了要求；第二，他们在变相帮助你完善产品。

一位资深销售人员说过这样一段话："被客户拒绝并不可怕，可怕的是客户不对你和你的产品发表任何意见，只是把你一个人晾在一边。所以我一向欢迎潜在客户对我的频频刁难。只要他们开口说话，我就会想办法找到成交的机会。"

挑剔型客户给了产品改进的机会，同时也给了销售人员提升自我的机会，因为客户可能不仅针对产品提出意见，也许会对你的销售方法给出某些建议。在西方国家有这样一种理念：一个提出意见的客户意味着有十个客户因同样的看法而放弃该企业的产品，这些沉默的客户虽然没有发声，但是他们用行动直接否定了产品，所以这样的客户才是真正残忍的。

虽然道理如此，但是很多销售员从感情上看还是不愿意接待挑剔型客户，通常采取的做法是"敷衍"：能换就不退，能退也不退全款，实在不行就把锅甩给上一层，或者干脆拒绝客户的要求，只会复读机似的道歉……这样的做法，要么逼迫客户采用更激烈的方式和你对抗，要么把他们推到竞争对手那里。这样的销售策略看似维护了商家的利益，其实是在败坏商家的信誉，毁掉的也是长远的利益。因此，不少成功的销售员这样总结经验：如果一个客户对产品越宽容，往往代表着对方的购买意愿越低，所以挑剔才是客户购买产品的前提，销售员也应该对他们更有耐心。

其实，满足挑剔型客户只需要做到一点就够了，那就是让产品拥有完美的细节，同时让你的服务也拥有完美的细节，为此要注意八个问题：

第一，弄清客户为何挑剔。

客户的挑剔总有他的理由，可能是某种需求得不到满足，也可能是存在着过高的期望，所以销售员应当认真倾听他们的意见并冷静分析，然后再通过心平气和的讨论商量解决方案：如果确实存在问题就要积极改善，如果只是误会就要充分沟通，如果是强人所难就要委婉拒绝，如果是无理取闹就要转移话题。总之，弄清楚原因再做判断是稳妥之道。

第二，侧面化解客户的挑剔情绪。

有时候，客户因为挑剔而对产品有了某种主观上的认知偏差，刻意追求完美，这时销售员不要急于去做解释，因为客户很可能听不进去，所以应当运用其他手段转移客户的注意力，比如给客户看一些产品说明或者视频，给予他们充分了解产品细节的机会，然后再向客户解答他们心中的疑惑。

第三，巧妙地否定客户的看法。

如果碰上那种极为挑剔甚至是苛刻至极的客户，销售员不要正面否定客户的看法，而是要婉转地承认他们意见中的某些要点，但是对核心要点进行有理有据的阐述。需要注意的是，销售员不能在客户提意见的时候打断对方，这是非常不礼貌的行为。

第四，让服务深得人心。

说一千道一万，化解客户挑剔的最佳办法就是让他们无可挑剔，因此销售员应当结合自身情况制定出具有针对性的改进方案，比如销售部门的工作流程是否会引起客户的不满，门店的某些布置是否让客户觉得没有宾至如归等，经过分析和协调，才能营造出最好的销售氛围和品牌形象，在客观上为产品加分，化解客户的挑剔。

第五，敢于直面客户的质疑。

销售员遇到挑剔型客户，首先要保持良好的心态，不要将客户的挑剔看成是挑衅，而是把它看成对你的关注和重视，因为挑剔你才能审视自己的服务是否到位、自己的专业能力是否匹配，所以不要计较客户的某些不礼貌的言辞和态度。一个销售员经过无数次挑剔的锤炼以后，才有机会成长为王牌。

第六，比客户先提出问题。

如果你确定遇到了挑剔型客户，那么最好在对方开口前就把他可能要挑的毛病说出来，这样显得你主动积极，然后再用合理的解释指出：这些所谓的瑕疵只是在某个角度看不讨人喜欢，但是从整体设计上讲是没有问题的。这样的表达，会让客户意识到所谓的"完美细节"也是比较主观的，而所谓的"缺陷"也不过是一种理念不同的冲突罢了。

第七，顺着客户的话回答。

通常挑剔型客户会在某些领域有知识和经验，这是他们常年挑剔获得的技能，因此他们会提出较为专业的意见，所以销售员不能把这些意见当成是外行发言，而是应当欣然接受，这样一来，客户见你没有反驳他，也不会再挑出其他毛病来为难你。

第八，让客户合理发泄。

有时候，我们可以顺着客户的挑剔来改善自身服务，也就是说客户提出意见之后，只要在条件允许的范围内应当尽量改正，而不是去分析是否有必要，因为客户的挑剔未必只代表他一个人有这样的想法，如果我们能够做到更好，对我们满意的客户也会越多。从更深层次的角度看，客户的挑剔其实是在发泄一种情绪：世界上难道就没有真正完美的东西吗？只有让对方发泄出这股怨气，才能化解冲突。为此，销售员要和上级沟通，建立客户投诉制度和反馈渠道，为客户与企业的对话创造条件，维护良好的品牌形象和客户关系。

自古就有"嫌货才是买货人"的说法，这其实是人们理性看待挑剔行为的结论。作为销售员也应当意识到这一点：客户对产品不挑剔，你就根本不知道他的潜在需求、使用痛点是什么，这会让你陷入迷茫和困惑中，不利于自身能力的完善和产品价值的提升。

7. 寡言型客户需要引导性的提问

有一种客户，出言谨慎，反应冷漠，看起来有点严肃甚至是老成，很难和他们开玩笑，但也不必担心对方说话唠叨，因为他们更愿意听别人讲话。

然而正是这样，你才缺少了解他们心思的机会，因为他们把表达的时间都让给了你，这一类客户就是寡言型客户。

具体分析的话，寡言型客户通常有三种类型。

第一种，他们只和自己熟识的人交往，每到这时话匣子才能被打开，而一旦面对陌生人尤其是销售员，就会三缄其口，甚至拒人于千里之外。第二种，他们是标准的完美主义者，一旦进入某种状态就不喜欢被人打扰，只愿意沉溺在自己的世界里。第三种，他们无论对熟人还是陌生人，对喜欢的事情还是不喜欢的事情，都表现出一种冷淡的态度，让人很难猜透想法。

寡言型客户虽然不会要求客户介绍这个推荐那个，但是由于他们不爱讲话，很难针对他们设定营销方案，于是有的销售员就会不断要求对方开口，结果反而把人家吓走了。我们要知道，寡言型客户已经养成了这种内敛的个性，与其强迫他们说话，不如顺着他们的性格，提出一些相对容易回答的问题。当然，销售员也不能因为对方不爱说话就自己喋喋不休，不要担心这会造成冷场，因为你说得越多，错的可能也越多。

面对寡言型客户，销售员应该注意三个问题：第一，不论对方多么冷淡，都要始终保持微笑，用温度感化解对方心中的"冰山"。第二，掌控自己的情绪，不要因为对方冷漠就急于逼迫对方买单，这样只会事与愿违。第三，使用语言之外的"语言"交流，比如眼神，你可以通过观察客户的注意焦点去揣摩他们的需求，比如是在看价格标签还是产品说明书。

一个优秀的销售员，应当具备见什么人说什么话的本领，在面对寡言型客户时，最重要的一点就是学会引导他们，这包括引导性的提问和引导性的回答，想要锻炼出这种能力，需要注意把握三个重点：

第一，循循善诱，逐渐深入。

面对寡言型客户，不要用过分的热情去强迫对方说话，而是应该按照由浅入深的沟通套路，一点一点地"撬开"他们的嘴巴，把沟通的焦点逐渐深入到你要销售的产品上，这样更容易被对方接受。比如，你想推荐给客户一套健身器材，如果主动询问对方是否需要，很可能得到否定的答案，不如这样开场："听说您高就的公司门口的茶餐厅十分可口，能不能带我尝试一下？"对方因为沉默寡言可能只是点了点头，这时你要继续引导对方："昨天听说有店庆活动，肯定有美味的食物吧？"在你的请求下客户多少会描述一些，这时你要再接再厉："您守着这样的市内名吃小店，肯定每天食欲大增，如果有一套便携的健身器材锻炼一下，把多余的卡路里消耗掉，这样的生活不是更优质吗？"这样一来，对方的思维原本可能是惰性的，但是在你不断地引导之下也会展开想象，这时你再向客户推销产品效果会更好。

第二，通过对比引导客户表达。

在营销活动中，有时候为了突出产品的某个特性，我们需要借助一个类比的对象才更有说服力，特别是对于寡言型客户，因为我们不了解他们的真实想法，就需要通过对比去圈画出一个范围，引导他们说出自己到底想要什么。打个比方，你问一个人吃不吃苹果，他也许不置可否，可如果你问一个人吃苹果还是吃大蒜，他可能会马上选择苹果，这就是对比产生的刺激作用。当然，这需要销售员在和客户沟通前做好准备工作，认真剖析要介绍的产品和竞品，这样才能引导客户说出他们对产品的真实诉求。

第三，及时把话题拉回到正题。

寡言型客户虽然比较沉闷，但这并不代表他们不会主动说话，可有时候因为不善于沟通，会在聊天中将话题带偏，如果生硬地把话题拉回来，客户往往就被打消了表达的兴趣，转而继续玩起沉默来。所以遇到这种情况，销售员应该用引导性的语言对话题进行合理的迁移，既照顾到客户的情绪又不显得唐突。比如你想让客户了解你代理的项目，可是话题却忽然跑到了有氧运动，这时你可以说："您这么喜欢室内运动，对户外运动感觉如何呢？我现在代理的一款平衡车也有强身健体的功能……"通过这样的引导方式，就能从对方感兴趣的话题转移到你要推销的产品和服务上，又不会伤害客户的面子。

针对寡言型客户，销售员要尽量避免为客户做主，不能因为对方没有直接表达态度就主观地认为自己了解了客户的诉求，殊不知，寡言型客户的嘴上不说，但是他们的脑子会比爱表达的人转得更快，你的一言一行在他们眼中早已被打出了分数，与其盲目揣摩，不如有章法地引导对方，这样才更容易找到合作的契合点。

8. 强势型客户喜欢享受征服感

"给你三分钟时间，告诉我为什么要用你的产品？"

"找我有什么事？"

"你以为我会相信吗？"

恐怕很多销售员对这样生硬不客气的质问非常熟悉，没错，这是一类很难伺候的客户，他们态度强硬，从不妥协退让，尤其是对待陌生的销售人员还会表现出某种敌意，他们就是强势型客户。

一般来说，强势型客户分为两种，一种是自知型，另一种是不知型。

自知型就是知道自己很强势，他们也享受这种和他人的沟通方式，通常这种人是有一定社会地位且有突出特长的，如果他们没有任何优势，大多也是成长于较为富裕的家庭，从小备受宠爱，所以难免恃宠而骄。

不知型就是不知道自己很强势，他们在主观上并没有想对他人释放攻击性的意图，只是受制于教育水平、成长经历等客观因素的影响，让他们在不知不觉中养成了说话强横的态度。

当然，无论是哪一种强势，他们都会给销售员带来一定程度的心理压力，想要化解这种压力并搞定客户，就要学会让步，因为对强势型客户而言，征服感是比占有某件产品更能带给他们快乐。

人们常说：退一步会海阔天空。那么对强势型客户的让步并非软弱和妥协，而是以退为进、攻心为上，是一种积极的沟通策略。当然，让步说起来容易，在具体操作的时候要注意分寸，不能为了攻心而无原则地让步，这样并不能真正满足强势型客户的征服感，同样，也不能做出假装让步的姿态，这样反而会激怒对方，让他们表现得更为咄咄逼人。归根结底，销售员表现出的让步是为了平衡双方利益和心态的博弈，需要从四个方面入手：

第一，增加让步的时间间隔。

增加时间间隔是指对客户的让步越来越慢，也就是降低让步的频率。简单说，当你面对强势型客户作出第一次让步之后，第二次让步的时间要稍长一些，而第三次让步的时间要更长……以此类推，这是为了让客户明白：你的让步不是因为屈从于对方的强势或者被抓住了什么把柄，而是为了照顾对方的面子不得已而为之，这样才不会让客户得寸进尺。换言之，如果你让步的间隔时间过短，会让强势型客户更为粗暴，他们会认为你性格软弱，因而产生更多的攻击性，这样你的让步就会变得无止无休。

打个比方，客户来到你的柜台想要购买一台扫地机器人，在谈价格的时候对方简单粗暴地要求再优惠一点，你为了拉生意给对方优惠了50元。可是对方并没有达到预期，还想继续优惠，即使你还有足够的利润空间，也不能马上答应对方，而是应当故作思考或者假装打电话询问上级拖延时间，等到10分钟过后才答应给客户再优惠50元。如果客户还是不依不饶而你还有降价的空间，那就再跟客户饶舌20分钟，再优惠50元。这样一来，客户就会觉得你的让步时间越来越长，"攻坚"的难度加强了，他也不会无休止地要求降价，因为这样也是在消耗他的时间成本。

第二，减少每一次的让步幅度。

减少幅度，就是对客户的每一次让步都逐次递减，这等于向对方传递一个信号：我是为了留住你才作出牺牲的，但是有限度。或许有人认为逐次递减和逐次递增没有多大区别，那么我们不妨设想一个场景：假如你购买一套化妆品，销售员开价是2 000元，然后你要求打折，对方降到了1 800元，你第二次提出要求，对方又降到了1 500元，那你会怎么想呢？你会觉得这个价格水分太大，每一次提要求都能得到更多的折扣，你会越来越无视产品本身的价值。特别是对强势型客户来说，他们喜欢抓住别人的把柄展开进攻，因此只有把让步的幅度逐渐缩小，才能让对方明白他正在触及你的底线，太过强势只能失望而归。

第三，将让步的次数控制在三次。

中国人讲究"事不过三"，这个非常适用于应对强势型客户，因为这是在告知对方：我的退让是有次数的，希望你适可而止。另外，"事不过三"的真正价值在于：把你可以让步的总和拆分开来，对方才会在享受征服感的同时又不过分侵害你的利益。比如，客户想购买一台电动车，销售员一次让步300元和分三次让步300元，给人的感觉是完全不同的。因此，当销售员第三次让步时，一定要给对方传递一个信号：这已经是最后一次了。切记，这个信号绝对不能在第一次或者第二次让步的时候就使用，要用在关键的对话中才能显出足够的分量，因为强势型客户不喜欢受到"威胁"。

第四，底线不能践踏。

如果客户提出的要求你已经容忍到了极限，然而对方还是不依不饶，那么销售员不能为了留住客户而破坏底线。也许有些销售员为了业绩或者潜在的客户资源会破例来一次"大放价",但这样做往往后患无穷:第一,客户下次再找你的时候,会以回头客的身份进一步要求你降低底线,即便你不满足这个要求,也必须给对方和上一次相同的超低价格。第二,如果客户推荐其他人到你这里购物,他们很可能得知你的价格底线,会一上来就展开猛攻,让你难以招架。所以,销售员要把强势型客户的攻击性压制到一个可以承受的范围内,决不能让对方得寸进尺。

归根结底,销售员也是人,也需要得到别人的尊重,如果面对的是一个强势得失去基本礼貌的客户,那么也没必要一味满足对方的征服感,因为这种得寸进尺的方式只会损害你的利益,甚至浪费你的时间(对方压根就没打算买),这时候不妨和对方换个轻松的话题,暂时减缓一下火药味,然后去试探对方是否真的想要进行交易。如果发现这种意图不够强烈,不妨尽快结束谈话,摆出一副不卑不亢的姿态,这就等于向对方传递了信号:"对不起,我只能让您到这里了。"这时客户也会知趣地离开或者掏钱购买。

强势型客户带给销售员的感觉并不良好,这也导致很多人不愿意接待这种客户,然而现实的情况是这一类客户往往掌握着丰富的社会资源,放走他们就等于养肥了竞争对手,而且也不利于销售员自身能力的提升。如果你能灵活掌握上述提到的方法,相信搞定他们并不困难,而一旦成功,你所获得的不仅仅是一份订单,还可能是这些客户为你带来的各种资源。

第七章

一句话能抵千言万语的说服方法

1. 像对待朋友一样对待客户
2. 客户的犹豫说明还有机会
3. 说服客户认可价格
4. 说服客户相信质量
5. 说服客户功能实用
6. 说服客户时切忌说的 7 句话

1. 像对待朋友一样对待客户

客户是销售员的衣食父母，也许听起来有些别扭，却是不争的事实，这大概也是"客户就是上帝"的渊源。不过，与其将客户奉为上帝，不如将其当成朋友，因为朋友才是接地气的社交套路，也是最暖心的关系定位。有的销售员能把客户变成朋友，有的销售员则把客户变成了敌人……为何差距如此之大？区别在于是否"以心度心"。如果你用阴谋诡计对付客户，得到的自然是一个敌人；如果能够为对方着想，换来的必然是朋友。

为什么要把客户当成朋友呢？因为面对朋友，我们不能说谎，不能以次充好，要学会为朋友考虑，这是作为销售员基本的素质。从客户的角度看，当销售员把他们当成朋友之后，心理距离拉近了，就更容易说服对方，促成生意成交，还能提高重复购买率。

我们先从客户的购买欲望构成来分析一下，把他们当成朋友有哪些好处。

第一，售价。

商品价格对客户来说是比较敏感的，当你让客户觉得你是朋友时，你推荐的价格只有两种可能：一方面确实是最低价了，另一方面物有所值。最低价，意味着你没有刻意抬高价格，而是按照行业的基本标准来定价；物有所值，代表着你出售的商品配得上它的价格。另外，我们常说的"友情价"，正是对朋友关系的一种照顾，也能或多或少让客户放心地购买，减少顾虑。

第二，服务。

消费的过程也是一个享受服务的过程，销售员在为客户介绍商品的时候，也是在普及相关知识，这和朋友之间的以礼相待有相似之处。所以当客户认为你们成为朋友时，会进一步体验到这种宾至如归之感，对产品的期待就更高了。另外，销售员的服务态度更能体现出自身的综合素质，也是客户是否会把你当成朋友的关键。

第三，品牌。

当一个人消费的行为积累到一定程度，会对某一种品牌产生黏着性，从而形成一种强关系。而销售员在某种程度上是品牌的代言者，可以通过这种联系和客户建立深层次的关系，通过销售产品将品牌背后的故事和对方交流，能够增进感情。

美国石油大亨洛克菲勒是一个成功的商人，他的成功得益于把交易伙伴当成朋友，以真诚的态度去面对他们，不仅让他收获了更多的人脉资源，也收获了更多的利益。有一次，洛克菲勒的一个合作伙伴在南美的生意蒙受了一百万美元的损失，洛克菲勒非但没有怪罪他，反而说他能保住60%已经不容易了。结果这句话让合作伙伴十分感动，在两个人的下一次合作中，合作伙伴为洛克菲勒赚到了更高的利润，挽回上一次的损失。

事实上，朋友关系对销售员和客户来说是双赢的，主要体现在以下三个方面：

第一，利益均沾。

当你把客户转化为朋友关系之后，你们之间便不再是单纯的交易关系，而是形成了更牢固的社会关系，你可以为客户考虑，给对方优惠的价格和服务,同样,客户也可以向你推荐新的客户资源,可能是他们的朋友,也可能是以前的同学或同事,而每一个人还会带来更多的人脉资源,即便不是每个人都能产生消费行为,但是也可能通过他们进行口碑传播,扩大你的影响力。

同理,对客户来说,销售员成为朋友之后,会弱化信息的不对称性。常言道,从南京到北京,买的没有卖的精。一件商品,客户是无法了解它真正的成本价的,自然就摸不透利润空间,如果销售员和客户的关系更近一层,会多少照顾他们一些,这倒不是说销售员高风亮节,而是为了消费行为的持续性和客户背后的人脉关系。作为客户也可以通过其他销售渠道进行对比,所以这种优惠是真实存在的。

当客户和销售员结成了相对稳定的帮衬关系以后,会因为一两件互惠互利的小事变得更加牢固,让他们彼此更加珍惜,形成良性循环。

第二,精神依托。

对于需要建立长期合作的交易关系来说,销售员和客户之间的沟通会比较频繁,也许在短时间内就会见面一次,自然沟通的内容就不仅仅局限于交易本身,还可能借由产品延伸到各自的生活层面,那么彼此就可以为对方出谋划策,在互动中形成一种精神上的依托。特别是对于那种上下游之间的采购关系,彼此都是在同一个利益链条上,客户购买产品也不是为了直接消费,而是和自己的生意有关,所以更能理解行业内的艰辛和不易,积累的知识和经验是相通的,形成了一种战友关系,能够在关键时刻共同进退。相对而言,普通朋友可能私交很好,但是因为没有身临其境,也就无法感同身受,反而是经常接触的合作关系更有共同语言,这就形成了一种强大的精神纽带,反过来能促进关系的巩固和升级。

第三,信息共享。

除了商业层面和精神层面的帮助外,销售员和客户还可以进行信息共享。销售员贡献出卖方市场的相关线报，客户贡献买方市场的相关情报，当这些信息融汇之后，就能产生"1+1>2"的效果。也许这些信息本身不能直接产生利润，但是对交易双方来说是开阔眼界的机会，能够站在更高的角度去理解市场和消费者的变化，从而提前作出预判。这种信息交换关系，其实和朋友之间的聊天、讨论甚至争辩都很相似，能够丰富彼此对世界、社会和人性的认知维度，是一种思维层面的共同成长。

把客户当成朋友，虽然听起来有些虚假，但在现实中并非不存在。只要你用心经营，敢于尝试并不断总结经验，就能在金钱交易中窥见真实的人心，而这颗人心不会成为消费行为的终点，反而会为你打开一个崭新世界的入口。

2. 客户的犹豫说明还有机会

对于很多销售员来说，他们并不害怕客户态度冷漠，因为这会激发他们的进攻欲望，反而是当客户态度犹豫时会不知所措，因为对方可能会断然拒绝，也可能被你说服。其实，客户的犹豫并不代表着拒绝，而是意味着还有成功的概率。

有一个关于爱情的经典问题是："如果你爱上了两个人，那么请坚定地选择第二个。"为何这样讲呢？因为你真的爱第一个的话，就不会有第二个。这个逻辑也同样适用于"客户的犹豫"，如果客户真的不喜欢也不想要你的产品,他们就会毫不犹豫地拒绝,因为他可以去别的店铺选购,也可以暂时不买,总之会有各种理由,可一旦客户犹豫了,恰恰证明这款产品在他们心中存在着分量,只是没有马上做好决策而已。

既然客户想要却犹豫,销售员需要做的就是增加一个推动力,让客户彻底打消疑虑,通常有如下做法。

第一,了解真实需求。

客户当前的生活状态决定了对某一类产品或者服务的需求程度,这也是他们为何会犹豫的原因之一,当我们了解清楚就知道该怎样说服对方了。打个比方,客户是一位戴着珠宝的女士,在和你交谈时有意无意地展示它们,这意味着对方收入了一笔钱,那么她的犹豫很可能不是因为价格,而是想要外观更张扬、易于炫耀的珠宝,这时你就可以针对这种需求推荐更为奢华的珠宝,才符合对方的需求。

第二,讨好"决定者"。

作为销售员要明白一个真理,手里揣着钱的人未必是最终的决定者,他们也许是奉命行事,而躲在他们背后的那个人才掌握着话语权。所以发现客户态度犹豫时,可以侧面打探是刚结婚还是刚恋爱,然后就可以从对方对恋人的描述中窥测出他们之间的关系;如果话语权不在他这边,就要从讨好恋人的角度进行营销。

一位地产销售员带着一对夫妇去看一幢房子,当这对夫妇来到房子的后院时,看到了一棵美丽的樱桃树,销售员发现妻子的表情十分高兴,她对丈夫说:"你看,这棵樱桃树好美啊!"后来,这对夫妇进入客厅之后,发现地板陈旧破烂,表现出了不太满意的样子。销售员马上说:"客厅的地板实在是有些旧了,但是你们站在这里,可以从窗户看到院子里的樱桃树。"后来这对夫妇又进入厨房,发现里面的设备非常老旧,销售员继续微笑着说:"这些东西确实过时了,但是你们在这里做饭的时候,可以透过窗户看到院子里的樱桃树啊。"后来，这对夫妇无论对房子挑出何种缺点，销售员都一再强调院子里的那棵樱桃树，最后，这对夫妇终于买下了这栋性价比并不高的房子。

这位地产销售员的成功之处在于看到了这对夫妇手上戴着的新婚戒指，知道他们的新生活刚刚开始，对浪漫诗意的居住环境很是向往，所以就将重点放在樱桃树上，让那位妻子陷入爱情的甜蜜中，而丈夫为了取悦娇妻也就不会提出反对意见了。

第三，利用"鲜活性"效应。

"鲜活性效应"是指人们在面临选择问题时，需要从有限的认知体系中寻找最有效的解决案例，简单说就是眼前的生动案例更有说服力。比如，你向客户推荐一部电视机，客户有心购买但犹豫不决，这时候你可以告诉对方你的朋友也购买了这台电视机，你们周末聚会的时候看球赛和综艺节目，十分清晰……说得越生动具体就越能打动客户，远比生硬地介绍电视机的各项参数更有感染力。

第四，不怕做无用功。

有些销售员觉得客户犹豫了，成交的概率不高，所以担心失败。事实上，销售员本来就是勤行，如果脑子里总是计算着利害得失，那么永远也无法在业绩上有所突破。至于客户的犹豫，你完全可以看成是一种常态，是对你耐性和洞察力的磨炼和考验，因为客户交给你的是真金白银，你给他的未必是质量过硬的真货，客户心存疑虑也是人之常情。

客户的犹豫心理是在消费活动中很常见的，销售员没必要把它看成是一种失败的信号，反而应当看成是冲锋的号角，因为越是犹豫的客户，他们的潜意识中越希望有人给他们建议，帮助他们尽快作出决策，而销售员正是在客户和产品之间的重要推动力。

3. 说服客户认可价格

美国著名投资家查理·芒格说过一句话："想要得到某样东西的最好方法，就是让自己配得上它。"如果把这句话运用到营销上，那就是让客户认为自己选购的产品是有足够价值的，所以才有了相应的定价。这样，当客户想要和你讨价还价的时候，你就可以用产品的内在价值作为挡箭牌，即便对方再想砍价，也缺乏足够的底气。

很多销售员在面对客户讨价还价的时候无所适从，其实只要在客户开口还价之前，抢先一步把产品的内在价值讲出来，客户就会放弃这个想法。还有一些销售员，他们自己对产品的定价也心存怀疑，认为价格过高，导致自己不好卖出去，其实这都是对产品价值了解不够造成的，或者说他们没有认清客户的购物心理：每个人都想购买符合自己身价甚至高于身价的产品，而销售员的作用就是满足客户的这种虚荣心，最好的方法就是通过产品价值来证明。一旦销售员掌握了这种技巧，在营销中就会如鱼得水。

展示产品的内在价值，需要注意四个基本点：

第一，多进行产品的直观展示。

常言道，是骡子是马牵出来遛遛。销售员不要只靠一张嘴去打动客户，要学会配合产品展示来增强说服力，让客户从感性上加深认识，唤起他们的购物冲动。对于一个优质的产品来说，安放在展示柜里是没有价值的，只有拿出来使用和展示，才能让客户在近距离接触中深度了解它是物有所值。当然，有些产品本身比较娇贵，并不适合频繁地触摸和使用，那就让客户多角度、零距离地观赏，发现设计中的细节是多么精妙，外观色泽是多么大气，这样也能获得客户的认同。如果是可以操作使用的，那就让客户亲手尝试一下，临时进入到某个应用场景中，他们会在实际操作中快速地和产品培养交互关联，在情感层面表达出喜欢之情。有了实际体验，销售员再动员客户购买就会更有说服力。

第二，介绍产品要扬长避短。

任何产品都有优点和缺点，即便是高档次的产品也不例外。当然，我们所说的缺点不能是致命的缺陷，比如影响产品使用的或者带来某种危害的，而是不影响正常使用的小瑕疵。对于这种瑕疵，销售员可以轻描淡写地提出来，但不要过多讲述，这倒不是刻意欺骗对方，而是对方还没有和产品发生关联之前，小瑕疵带来的负面印象是非常严重的，会让客户无心再去关注产品的优点，将给营销工作增加难度。因此，正确的做法是对产品扬长避短，多说它的优点，缺点可以一嘴带过或者采用暗示的方式表达出来。比如，客户想要购买一台空气加湿器，这款机器对湿度的控制十分智能，这是它的优点，缺点是有些耗电，那么你不妨这样向客户推荐："这款加湿器带有智能加湿的功能，而且针对不同的用户有预设的档位，比如老人或者儿童等，当然因为智能化功耗会略高一些，不过这和其他大家电相比也可以忽略不计了。"这样的表述方式，既提到了产品的优缺点，也没有过于明显地展示，客户也不会太过在意。这种强调产品优点而淡化缺点的方式，也极大地凸显了产品的内在价值，客户会觉得你的推荐既客观又全面。

第三，带着感情去向客户推荐。

有些销售员虽然对产品的资料了如指掌，但是在向客户介绍的时候却像是背书，缺乏富有感染力的语气和声调，让客户面对着一个"机器人导购"，这种体验是非常糟糕的，也很难打动客户，更让产品显得格调不高。

所以，销售员应当学会用讲故事的方式去介绍产品，让客户听起来津津有味，听得入迷了，自然就对产品有了好感，购买的意愿度就提高了。比如，客户要购买一套护肤用品，与其背课文似的剖析产品的成分，不如声情并茂地介绍："您可能不会想到，这套护肤品和它的创始人有一段离奇的故事呢！"客户一听就有了兴趣，而你可以趁势娓娓道来，客户听到妙处之后自然坚定了购买的欲望。需要注意的是，故事不要讲得太长，要注意观察客户是否有时间和耐心听下去，如果没有，不如简单介绍一下，否则会适得其反。总之，销售员应当和产品建立情感纽带，不能呆板生硬地介绍，只有这样才能让客户被你的情绪所感染，也就深化了对产品内在价值的认识。

第四，从客户的角度看待产品价值。

虽然客户想要通过有档次的产品来证明自己的身份和地位，但这不能从销售员自身的角度去描述，因为商业性太强，也缺乏起码的诚意。所以，销售员要站在客户的立场上去分析产品的内在价值。这也是很多销售员没有认清的一个问题，因为他们过于功利化，急于拿下客户，所以在和对方沟通时总是希望能一步到位，结果越是这样越让客户心生疑虑。比如，客户想要购买一支高档次的钢笔，你不能一味介绍该款钢笔的品牌价值，这些都属于硬性推广，无法让客户代入使用后的感觉，你可以这样推荐："这款钢笔价格不菲，论功能并没有特别之处，但是设计师在上面倾注的心血非常之大，已经成为网上流传的小故事，所以当您的朋友和客户看到您使用这款钢笔后，他们就会想到背后的传奇，对您也就有了新的认识，这种广而告之的方式花多少钱都买不来的。"当你为客户分析购买产品的无形收益后，对方就会认同你所说的，也就肯定了产品的内在价值。

产品价值的展现，不仅关系到销售人员的业绩，也影响着该产品的品牌形象，只有让客户充分感受到与价格相当的内在价值，他们才会打消砍价的意图，也会油然而生一种虚荣心：我购买了有价值的产品，证明了我的身价。一旦做到这点，客户和你的交易往来会越发频繁和流畅，因为你出售给了客户高价值的物品，这正是对方购物的乐趣所在。

4. 说服客户相信质量

作为销售员，总是希望能够让客户相信自己推荐的产品或者服务质量过硬，但是对客户来说，他们总会抱着怀疑的态度，一种是真怀疑，即并不了解产品本身，另一种是假怀疑，是想通过拿质量说事砍价。无论是哪一种，都是对销售员本身的挑战，是一种变相的质问，作为销售员就必须打消这种念头，让他们毫不犹豫地购买最贵的东西，并和你建立长期稳定的合作关系。

一位销售员带着产品和一位事先预约好的采购经理见面，销售员马上把产品介绍和产品报价单递给了经理，然而经理看了之后撇撇嘴说："你们的产品质量感觉不过关呢？我知道有一家和你做相同产品的公司，使用寿命就比你们的长。"销售员一听就有些尴尬，下意识地回了一句："应该不会出现这种情况吧。"谁知经理马上底气十足地说："怎么不可能，我们和那家公司合作过。"销售员一时间不知如何应对，而采购经理又接着说了一大通，最后销售员灰溜溜地走了。

从这个案例可以看出，采购经理只用了几分钟的时间就把产品的质量否定了，而销售员未能成功说服对方，不仅丢了订单，还把品牌的面子也丢了。事实上，很多销售员都会遭遇这种情况，毕竟能够亲身使用产品的机会不多，很容易被客户的质疑动摇了信心，甚至对自己的工作能力也产生了严重的怀疑。归纳起来，销售员对产品质量没有信心主要是因为两个原因：

第一，对产品本身缺乏信心。

造成这种情况有两种情况：一是你的产品确实不好；二是你对产品不够了解，误认为不够好。如果是第一种情况，你就要将目标客户锁定在对价格敏感而对产品质量不敏感的客户身上，这样在营销时会转移对方的注意力，给你减少营销压力。当然，如果你的产品是粗制滥造就另当别论了。如果是第二种情况，你就要深入了解产品的内涵以及品牌蕴藏的价值，把这些讲给客户，就能增强自己对产品的信心。

第二，对客户了解不够。

很多销售员宁可专攻老客户，也不愿意去开辟新客户，这是对陌生客户的一种恐惧，因为他们对产品缺乏了解，很容易怀疑它们的质量。事实上，大多数客户并不是愿意相信自己会买到质量差的产品，如果你担心每个客户都是来找碴的，只会让你在原有的熟客圈子里转来转去，很难有突破业绩的可能。

那么，销售员应如何说服客户相信产品的质量呢？

第一，不要因为客户质疑而不敢回答。

有的客户对行业内的情况比较了解，能够把问题问到点子上，导致销售员缺乏对答如流的勇气，而越是这样越会激发对方的攻击性，让你的逻辑完全跟着对方走。遇到这种情况时，销售员要扬长避短，用擅长的知识去应对，比如客户将你的产品和竞争对手比较之后，认为你的产品质量不够可靠，你可以这样回答对方："您所说的质量不够好，是因为一些用户的错误操作造成的，在同类型产品中这种现象屡见不鲜，毕竟有些技术需要社会大众接受和普及，不可避免地会发生所谓'用坏了'的情况。"

第二，让权威替你说话。

不管客户对你的产品有多大偏见，他们对专家的权威性通常是信服的，所以当客户对质量存疑时，不如拿出专家的专业分析和相关数据，让对方找不到否定的理由。即便对方掌握了一些数据，你也可以借用专家提出的某些理论去反驳对方，除非客户就是摆明了要和你作对，否则不会变向和权威做辩论，因为谁都不想被人说成"不懂装懂"。

第三，不要因为客户拒绝就自乱阵脚。

有的销售员认为，客户质疑产品质量就是存在抵触情绪，殊不知嫌货才是买货人，不能因为对方质疑就沉不住气，因为底气没了，你的立场也就丢了，客户反而会觉得你的产品真的质量很差。作为销售员，你要清晰地传达给客户一个信息：我的产品都是质量过硬的，否则我也不会厚着脸皮向你推荐。打个比方，当你遇到前面案例中提到的那个采购经理，对方说你的产品质量比别人家差时，你可以给对方试用的机会或者拿出相关的资质证明，总之决不能在气势上输掉。

第四，建立批判标准。

当客户试图挑产品的毛病时，首先会拿出一套评价产品好坏的标准，这个标准可以是你的竞争对手制定的，也可以是客户自己制定的。一个聪明的销售员，应当先和客户探讨这套标准制定的依据，并不是让你否定对方，起码要知道对方认为的"好"是什么"好"，先统一概念再争论。如果客户不依不饶，那就拿出你的标准去和对方辩论，客户再较真下去也没有意思了。

任何一次销售都是一次思想交锋，客户永远都会盘算着如何少花钱，永远都会对产品质量心存疑虑，而这些不是对销售员的挑战，恰恰是销售员的工作内容之一。你所要做的无非是在这种心理博弈中掌握主动权，说服客户并坚守对品牌的信仰。

5. 说服客户功能实用

很多销售员面对客户时，都绞尽脑汁让对方尽快掏钱，不过往往事与愿违，因为销售员表现得越热情，客户越认为其中有猫腻。当然，问题的关键还是在于，客户觉得你费尽口舌推荐的产品别人那里也有，所以不会急着购买。换位思考一下，为什么客户没有掏钱的冲动呢？是因为他们觉得这个产品或者服务不够实用，买来也是浪费钱，所以会持一种观望的态度。

和其他职业相比，销售员具备的核心优势是什么？就是能够抓住客户的心理，而这个心理主要就是"我为什么要购买这样一件产品？"只有帮助客户解答这个问题，才能更好地完成交易。

美国有一位著名的销售大师叫海耶斯，在他刚入行时被一个老推销员带着学习经验，虽然这位前辈长相普通且身材矮小，却很有口才。一天，海耶斯他们出去推销收银机，在进入一家小商店后，遭到了店主粗暴的驱赶——对方明确表示不需要收银机，然而那位老推销员并不生气，反而笑了起来："对不起，我忍不住要笑，是因为你让我想起了另一家商店的老板，他跟你一样说没有兴趣，后来却成了我们的老主顾。"随后，老推销员向店主展示收银机并介绍优点，只要店主表示不感兴趣时就会讲一个案例：某店主原本不想要收银机可最终还是购买了一台等。不一会儿，围观的人越来越多，海耶斯既尴尬又紧张，他担心再次被赶出去，没想到店主竟然被说服了——掏钱买了一台收银机。

这位老推销员的过人之处在哪里？在于他看到了店主对收银机缺少兴趣——认为产品不够实用。所以，老推销员会通过讲故事证明收银机多么受欢迎，改变了店主的偏见，自然就提高了成功率。所以，说服客户认为产品功能实用，可以采取四种手段：

第一，换位思考。

有时候，客户对产品功能的质疑能够反映出他们的痛点，而一个成功的销售员能够从痛点出发，通过突出介绍产品的实用性来刺激客户的购买欲望。比如，你打算向一个客户推荐空气净化器，客户购买过一些不实用的同类产品，但是又存在着使用需求，这时你不要强求对方改变这个想法，而是打开空气净化器，借助各种测试仪器证明它过滤有害物质的能力，当你解决了客户的痛点时，也就距离成功更进一步了。

第二，提出问题。

客户对产品功能的怀疑可以通过巧妙的提问被发现，让对方进入到预先安排好的话题中，然后再用合适的话术攻破对方的心理防线。比如，你想向某个餐厅老板推荐洗碗机，但是你不了解对方是否有真实的需求，不如这样问："您看，我已经把洗碗机的采购成本和洗碗工的雇佣成本都给您列出来了，经过对比还是洗碗机更胜一筹，那么剩下的就看您的考虑了……"用这种委婉的表达方式，让对方意识到购买洗碗机的好处——非常实用，既可以试探对方也能增强其购买的意愿。

第三，巧妙表达。

巧妙表达并非欺骗客户，而是用对方能够接受且对我们有利的方式去介绍产品，从而弱化某些负面信息。比如，某一样产品存在着一个不实用的功能时，销售员不应该对客户说："这款功能一般用不上。"而是应该告知对方："如果您有这种需求，这款功能刚好可以满足您！"这样一来，就会让客户意识到该功能是在特殊情况下解决特殊问题的，而不是一个"不常用"

的功能。

第四，激发好奇心。

好奇心可以看成"心灵的饥饿"，也是人们的一种天性，通过激发它可以让客户对产品的某件功能更加感兴趣，从而形成一种关注度。当他们产生这种情绪体验时，该功能是否适用已经不重要了，重要的是新奇和有趣。当然，不同行业的销售员面对的客户群体不同，医疗器械销售要面对医生，化妆品销售要面对女顾客，电器销售则面向更复杂的群体……他们的需求点不同，兴趣点也不同，但是有一点是相同的，那就是他们都对陌生的商品或者新奇的功能有了解的欲望：医生想知道新器械的复健效果，女顾客想知道新款眼影对脸部魅力的提升作用，购买智能电视的顾客想知道它的新功能……只要你能适当地突出新功能的闪亮之处，客户的好奇心得到了满足，也会在不知不觉中爱上这款产品，认为它们正是自己需要的。

第五，直接展示。

销售员除了用语言去介绍产品之外，还可以通过现场展示的方式强调产品具有哪些功能，这不仅能够引起客户的注意，还会让他们忽然意识到这是自己需要的东西，它和用语言介绍相比，可以避开某些销售员在口才方面的不足。有一位出售去污剂的销售员，每当有顾客接近他的销售区域时，他就会故意将工作服弄脏，吸引了大家的注意力，当顾客惊讶地看着他时，他再用去污剂清除污渍，让人们意识到它的实用性。人们对这种新奇的营销方式很感兴趣，也被去污剂的强大功能所打动，于是纷纷购买，销售员的业绩大幅度提升。

第六，回归生活。

有些销售员在推荐产品时，介绍的重点往往放在概念和理论上，并没有真正从生活出发，让客户意识到产品会让自己的生活有何种改变，而这恰恰是造成推销失败的原因之一。如今是智能手机的时代，但仍然有一部分老年人使用功能机，因为在他们看来智能手机的很多功能是"不实用"的。然而，有一位销售员还是成功说服了老人购买智能机。原来，这位销售员和老人聊天的时候得知，他在业余时间会参加退休老人的民乐队，开始队友们都是电话联系，后来组建了"民乐爱好者"的微信群，有活动消息都通过微信传播，而这位老人没有智能机，只能被口头通知。于是，销售员这样劝说老人："您看大家都已经退休了，腿脚没年轻时候那么利索了，虽然通知您也方便，但是天长日久的还是给别人添麻烦。再说你们还会拍照留念，没有智能机就没办法和大家分享，时间长了容易被孤立啊。"老人听到这里顿时被说动了，最终将功能机换成了智能机。

　　优秀的销售员都善于展示产品功能，就像有口才的人会善于介绍自己一样，功能对产品来说无异于灵魂般的存在，只有将它的亮点和实用之处展示给客户，才能真正吸引客户的注意，让他们意识到这正是自己"魂牵梦萦"的产品。

6. 说服客户时切忌说的7句话

　　俗话说："良言一句三冬暖，恶语伤人六月寒。"销售员在和客户沟通时要注意自己说的每一句话将会给对方带来的情绪影响，特别是面对那种内心丰富、神经敏感的客户，一句不得体的话不仅会伤害到对方，还会损害销售人员自身的形象和口碑。其实，每个人都有禁忌的话题或者不利沟通的时机，这些都是在营销中可能会遭遇的"雷区"，如果销售员触碰了这些"雷区"就会影响沟通的结果。

第一，"我认为那一款不适合您。"——不说主观性的话。

销售员虽然掌握一定的专业知识，但不代表你的所有观点都是正确的，特别是客户的使用需求不可能完全被了解，所以主观性的话会让对方讨厌，比如："我觉得这件衣服不适合你，穿着显得年龄偏大。"殊不知，客户其实很中意这件衣服，而你主观上的不喜欢等于否定了对方的品位，这样交易就很难完成。有经验的销售人员会先附和客户的观点，然后心平气和地讨论，再将话题转移到产品上。

第二，"这是最好的产品！"——不说夸大的话。

销售员不能为了追求业绩盲目地夸大产品，这就是对客户的欺骗，就算勉强成交一单也不会有后续的合作，还会影响到你在圈子里的信誉。比如，你向客户推荐一款数码卡片机，却吹出了堪比单反画质的广告词："这款相机无论是锐度还是色彩还原度，都能和5D Mark系列相媲美……"对于这样没有底线的推荐，客户只能认为你是干传销出身的，对使用者毫无责任心。所以，一个负责的销售员必须学会站在客户的角度理性看待产品，才能让客户心服口服地接受你的推荐。

第三，"你说得不对。"——不说批判性的话。

销售员不能对客户提出的观点直接予以否决，即便对方说得是错的，也要委婉巧妙地指出错在哪里。比如客户说想要一款太阳能充电的设备，但是客户的使用环境很少能见到阳光，作为销售员不能直接说对方是错的，而是应当迂回一些："太阳能确实很方便，不过考虑到您的使用环境，我建议您还是选择充电型的，价格还便宜很多，您觉得呢？"这样的沟通才能让对方有继续下去的意愿。

第四，"我们家的产品比XX品牌的好多了！"——不要说攻击友商的话。

有些销售员喜欢在推荐自家产品的时候贬低友商，以此来凸显自己推荐的产品价值，比如："您还是选购我们家的产品吧，XX的东西就是看看好看，其实不耐用，都是些人傻钱多的人才买……"这种表达方式很不明智，因为你不知道客户对友商的产品了解多少，很可能人家曾经也是死忠粉，所以这种推荐方式很低端，会让你和你的产品形象一落千丈。

第五，"您真的懂吗？"——不要说质疑对方的话。

有的销售员不允许客户和自己有相左的意见，经常会把"你懂吗？""你知道吗？"之类的话挂在嘴边，质疑客户的理解能力，这也是沟通中的大忌，没有谁是傻子，也没有谁的脾气是无限包容的，所以不要粗暴地驳斥客户，要维护对方的面子。

第六，"这款险种可以减轻投保人死亡后的损失。"——不说忌讳之词。

不管你的客户层次如何，作为销售员都应当保持基本的涵养，不能将脏话挂在嘴边，哪怕这些话不是冲着客户说的，也会影响客户对你的看法。另外，还有一些敏感的词汇也要禁用，比如在保险行业，本身就是和生死病残存在交集，所以"死亡""瘫痪"之类的话不能说出口，可以用"不测""身体出现意外状况"等话替代，否则会让客户听着十分不舒服。

第七，"您是打算送给老婆还是情人？"——不涉及对方隐私。

销售员可以适度和客户唠唠家常，但最终目的还是为了卖出产品，而不是为了窥探对方的隐私。然而有些销售员聊着聊着就跑题了，开始打听起客户的隐私问题，从婚姻状况到财产状况，这些并不是唠家常的素材，只能引起对方的反感，甚至对你产生极为糟糕的印象。

除了以上这典型的七句话之外，销售员还要注意，在和客户沟通时，不要扯上一些无关的话题，比如政治、宗教等，一是因为这些话题有时候比较敏感，二是因为容易引发争执——除非你能百分之百确定和对方保持相同的观点，否则一句"我觉得信XX不好"就能引起对方的敌意，甚至可能惹上官司，对销售员绝无益处。另外，那些枯燥的话题也不要去谈，比如有关产品的某些技术参数等，即便你能够倒背如流，也不要以此向客户炫技，因为客户也许对此毫无兴趣，与其堆砌数字，不如将其替换成有趣的小故事、小笑话，这样才能提起客户关注的兴趣。

  销售的禁忌句型远不止于此，以上只是常见的几种。其实，禁忌语录很容易总结归纳：只要把自己想象成客户，就能感受到对方在相同的情景下想要听到的话和不想听到的话，这就是用同理心去做营销。对销售员而言，一句话未必能促成交易，但很可能得罪客户，所以开口前一定要在脑子里演练一遍，这样才能确保万无一失。

第八章

让自己和客户站在一起

1. 声东击西掩饰真正目标
2. 用幽默拉近距离
3. 适时地使用激将法
4. 引导客户说"是"
5. 最后一击要出手果断
6. 让客户感觉获得实惠

1. 声东击西掩饰真正目标

销售员和客户之间不仅存在着合作关系，同时也是一种"较劲"关系，因为既要确保自身的利益不受侵害，同时又不能破坏基本的礼貌，所以当发生冲突时要学会"紧急避让"，采用声东击西的方式掩人耳目，并不放弃最终目标而获胜。如果你不懂得采用声东击西的策略，而是与客户针尖对麦芒，那只能让沟通陷入僵局。当然，使用这种战法必须要隐晦，不能让对方觉察出你在有意躲避，这才是高明之处，也是难点所在。

通常，声东击西有以下常见几种方法：

第一，假装附和。

有些客户在谈到自身利益的话题时，往往会刹不住车，不给对方说话的机会，这就在客观上损害了销售员的利益，所以应当采取"假装附和"的办法。比如，客户不急着谈合作的事情，而是故意把话题扯到了企业文化上，然后顺着话题聊到了员工活动上，甚至详细谈到了最近的一次拓展训练……从表面上看对方是在跑题，其实是在故意把销售员晾到一边，为了争夺话语权，这时候销售员也应该跟着一起"跑题"："听您这么一说，我也想组织我们的人去玩一玩，当然这需要不少的经费，如果这个月的订单能再拿下来几个就没问题了……"这样的表达，表面上是在说"拓展训练"，实际上却还是盯着这次合作，对方自然会明白你的暗示。

第二，举例子。

当你和客户就某个问题存在争执但还没有达到高度紧张的状态时，可以通过举例子来掩盖真正的目标，把声东击西做得更加逼真。比如，你向客户推荐你们代理的多功能打印机，但是客户只跟你一味地讨价还价，却不表露出要购买多少台，这对于你来说很难做出决策，所以可以用举例子的方式回复对方："这款打印机能够替代复印机和扫描仪，举个例子，如果你们有八台扫描仪和四台复印机的话，那么购买我们六部打印机就差不多能满足需求了，您看是吧？"这样一来，对方就知道你是在问具体购买的数量，如果他真的有购买意愿就会说出来，否则你也不要浪费时间。

第三，闪烁其词。

"难得糊涂"一直是很多人追求的人生境界，在和客户的沟通中我们也需要训练这样的话术技巧，尤其是当客户提出了我们不愿正面回答的问题，比如产品的成本价、核心技术以及上游渠道等，但是碍于情面我们不可能甩出一句"无可奉告"，不如闪烁其词："哦，您是问我们的原料供应商是吧，您等等，我找一下资料，因为上个月我们换了一家实力更强的，提升了产品的档次，也许会有更多的客户愿意跟我们合作。别急，我在找……"通常说到这里，对方就会知道你不想告诉他渠道的信息，同时又会明白你在暗示尽快合作，因为你们有更多的选择，这样一来，交易就能继续进行了。

第四，从身边事切入。

有时候和客户沟通，单刀直入往往会让对方提高戒备心甚至一口回绝，所以这时候不妨从身边的事情切入，然后再转移到你要谈的话题上。比如，当你想让一个客户了解你们公司新推出的养老保险时，可以这样声东击西："听您刚才聊上大学的事，我忽然想起来我有一个朋友正好是您的校友，他在私企工作，没有缴纳养老保险……"这样的切入方式显得比较自然，让对方误以为是在谈家常事，然而谈着谈着就越来越和主题契合，还能起到掩饰的作用，不易被对方直接否决。

第五，一语双关。

其实很多客户知道销售员想要什么，但是他们不会直白地表达，而是喜欢通过其他的方式互相暗示，所以"声东击西"就成为一种独特的沟通方式。打个比方，你去拜访一个新客户，看到办公区里工作气氛很好，就礼貌地说了一句："贵公司一派和气，上下一心，看来我们没选错合作对象。"然而对方却有意想和你保持距离："和气什么啊，上午开会还吵起来了呢！"客户这样说是想观望一下再决定是否与你们合作，但是对销售员来说不能继续拖下去，所以应该这样接话："能够吵起来才证明大家为了工作敢于直言，还证明老板能包容他们，这样的企业文化氛围正是我们想要的。"这样一来，你就再次强调了想要合作的意愿，如果客户对你们不是非常排斥，就有机会坐下来正式沟通了。

第六，转移话题。

当双方利益发生冲突时，对方难免会站在自身的立场捍卫其权益，从而将矛头指向己方，这时沟通中或多或少都会带有火药味，如果不能遏制这种负面气氛，可能会彻底谈崩，不妨在关键时刻将话题切换，等到气氛缓和时再进一步商谈。不过需要注意的是，转移只是完成了"声东"，还要把"击西"隐藏在语意中。

打个比方，你和客户就一个合作细节争论不休，对方希望你对他们提出的要求予以答复，否则一切免谈。遇到这种咄咄逼人的情况，直接回答难免把话题谈崩，不如这样说："您看咱们都谈了一下午了，现在到了晚饭时间，我们先去吃饭，在饭桌上不谈别的，就当是朋友聚会。"这样一说，既转移了话题，又话里有话地暗示"就当是朋友聚会"，表明了仍然要继续合作的意图,当双方真的上了饭桌之后,情绪自然会恢复平静,矛盾就能迅速解决了。

声东击西是一种规避矛盾、掩饰真实目标的沟通技巧,但它并不是让你回避矛盾,也不是彻底掩盖目标,而是在明面上维持和谐的沟通气氛,让对方感受不到压力和攻击性,同时还能维护你的自身利益,给予双方足够的谈判空间,因此它的核心在于巧妙和自然,不能带有做作的痕迹,这样才能"一击必杀"。

2. 用幽默拉近距离

销售员的一切营销技巧,都要以融洽的客户关系为前提,否则你说破了嘴皮也不会打动对方。为了培养良好的营销沟通氛围,销售员可以采用幽默作为拉近关系的工具,让客户在欢声笑语中买走你的产品,并对销售员本人产生好感。正如幽默大师卓别林所说:"幽默是智慧的最高表现,具有幽默感的人最富有个人魅力,他不仅能与别人愉快相处,更重要的是拥有一个快乐的人生。"

幽默不仅展示的是一种人生态度,更是一种话术技巧。那么,幽默到底能在营销中产生哪些力量呢?主要表现在四个方面:

第一,消除戒备心。

当销售员和客户在谈论和"商品""钱"等无关的话题时往往很融洽,

可是一旦交流的主题牵涉到双方的利益时，彼此都会保持较高的戒备心理，让关系变得十分微妙，这时与其猛攻不如巧打，应当以幽默为武器消除客户的疑惑和忌惮，最直接的方法是在沟通中插入一些有趣的小故事。

　　小张准备和一个客户签订采购合同，然而对方态度不明确，对小张所在工厂的生产能力心存怀疑，于是在一次会面时，小张这样对客户说："当年我第一次跑业务的时候，有一次约客户吃饭，结果走得太匆忙忘带钱了，就让一个朋友偷偷给我送钱来，没想到让客户看到了，他问我第二职业是不是放高利贷的，我说是，客户马上跟我签了合同。"客户一听就笑了出来，对小张的工厂也产生了浓厚的兴趣，很快他们就建立了合作关系。

　　第二，消除陌生感。

　　销售员与客户都是从陌生到相识再到建立合作关系，这需要经历一个心与心贴近的过程，当彼此初次见面时，总少不了存在陌生感，如果不能尽快将其消除，会直接影响到交易结果。正如日本销售大师原一平所说："幽默具有很强的感染力，能迅速打开客户的心灵之门。"

　　老王是一个身材矮小的办公用品推销员，有一次敲开了某个公司的大门之后，一个员工打量了他半天，似乎对他的身高有些鄙视，然而老王没有在意这些，他笑呵呵地说："您看我这身高就能知道我们产品的质量有多好了。"那位员工一愣，老王趁机说："像我这样形象不佳的人都能出来推销，就是仗着我们的产品质量过硬啊，甭管客户看我多不顺眼，但是一看到我们的产品就动心了。"老王的幽默让大家对他消除了歧视，对他带来的文具也产生了兴趣，这就是幽默的力量。

　　第三，化解对立情绪。

　　有时候销售员和客户因为争论某件事情会陷入沟通的僵局，当然这未必是销售员有意和客户作对，纯粹只是因为对某些问题发生了分歧，作为销售员也不能无原则地退让，这时不妨用幽默来缓和一下气氛，打消对方的顾虑，让他们换一个角度倾听你要表达的观点和立场，从而说服对方。

小黄在接待一位客户的时候，客户因为购买过他们的一件残次品，所以有了成见，于是直言不讳地对小黄说："你们家的产品质量很差，价格又贵，造型还不时尚，怎么看都像是翻新的！"小黄马上回答："对不起，我们的产品让您生气了，就像每个人都说我很丑，我只是美得不明显，我认为每一件产品都不可能做到绝对完美的，关键在于如何发现它的内在价值。"客户听了之后，气也消了不少，最后表示愿意和小黄继续合作。

第四，化解负面情绪。

很多销售员都会遇到一些"销售危机"，比如客户要求退货或者产品出现意外损害等情况，面对这些棘手问题，销售员不仅应当知道该如何为客户解决现实困难，更要知道如何安抚对方的情绪，而幽默恰恰是化解危机的最佳手段，它不仅能够帮助我们消解对方的负面情绪，还能够绝境逢生，为销售工作带来转机。

业务员小刘和客户约好第二天下午一点洽谈合作的事情，然而因为小刘临时有事迟到了，于是打电话告诉客户将洽谈时间改在两点半，然而在路上又遭遇堵车，于是小刘急忙打电话告知客户三点才能到达。听到这个消息后，客户愤怒地让他不用来了，并表示再也不会购买小刘推销的产品。尽管如此，小刘还是克服一切困难来到客户的公司，面对怒气冲冲的客户满脸堆笑地说："您好，我是业务员小刘，听说您刚刚拒绝了一位业务员的拜访，因此我马上过来代替他。"客户一听转怒为喜，对小李的抱怨也烟消云散了。

幽默能给沟通带来意想不到的吸引力，人人都愿意结识有幽默感的人。对于客户来说，他们都希望和一个富有幽默感的销售沟通，而销售员则可以利用幽默去展示产品的价值。当然，幽默感并非油腔滑调，而是有关心理学和沟通学的艺术。

幽默能够润滑人际关系，消除紧张，减轻生存压力，把我们从各种自我封闭的情况中解脱出来，让我们在工作和生活中找到挚友，增强信心，在人生的道路上知难而进。如果一个销售员能够参透幽默的奥义，他不仅会成为一个沟通高手，还会成为一个金牌卖家。

3. 适时地使用激将法

我们经常会在文艺作品中看到这样的场景：某人面临一次严重的挑战，他本来有能力应对却畏畏缩缩，这时候有人跳出来对他说："我就知道你是这样一个懦弱无能的人，干脆换人吧！"结果正是这句话激怒了对方，让他敢于面对困难并获得成功。

这就是三十六计中著名的"激将法"。激将法不仅可以用在战场、职场上，同样也可以用在客户身上，为什么这样讲呢？

我们先来分析一下，销售员面对的客户无非有三种类型：一种是有强烈购买意愿的，一种是完全没有购买想法的，还有一种是介于买和不买之间的。对于第一种客户，只要合理地引导就会促成交易，而第二种客户要么直接忽略，要么拿出看家本事改变他们的态度，总之因人而异，但是对于第三种客户，任何一个销售员都不应该放弃，因为他们虽然处于观望状态，但是只要找到合理的刺激手段，就能够促使他们作出购买决定，迅速签单。

这就是激将法的妙用。对客户使用激将法，就是采用一定的语言技巧去激发客户的自尊心，让对方在逆反心理的作用下加快交易。一旦使用了这种技巧，就会让客户排除干扰，将全部注意力放在购买的产品上。当然，这个技巧有一定难度，在实施的时候需要注意三点：

第一，要准确了解客户的心理。

如果对客户的情绪和心理不甚明了，那就坚决不能使用激将法，因为很可能真的把对方激怒，到时候就不好收场了。销售员应当弄清，被"激怒"的客户一定要有足够的虚荣心和自尊心，这样才能让他们坚定地掏出钱来。如果对方是对什么都不在乎的人或者是务实主义者，那么激将法只能适得其反。那么，如何寻找这一类客户呢？一般来说，穿衣打扮讲究的客户，大多都是有虚荣心的人，另外在和对方沟通时，如果发现对方自我意识较强，生怕别人看不起，有意无意炫耀自己，那么这一类人也适用于激将法。

第二，要注意你的沟通状态。

销售员不要自大地认为，客户不知道你在使用激将法，因为这是一种很容易辨识的计策，所以在施展的过程中一定要保持自然而然的态度，这就要在表情、语言和小动作上多加注意，千万不要拿出在舞台表演的气势告诉客户："这款手表已经被那位先生预定了，您再不出手就没有了！"这样直白的激将法只会引起对方的警觉，不会有好的结果。正确的说法是："这款手表数量有限，今天有三位客人过来看货，您是幸运的第一个，不过再有五分钟，幸运可能就会落在第二位身上了。"这样相对隐晦的表达，既能够让对方出于维护自尊而下定决心，也不会在措辞上真的激怒对方。

第三，不要以牺牲客户的自尊为代价。

所谓刺激自尊，只是为了让客户出于维护自尊的目的而加快决定，并不是以侮辱对方作为前提，这样只会让客户讨厌甚至憎恨你。简单说，你应该让客户知道"如果您不买别人就买了"而不是"你是因为没钱才不买的"，这两种信息的传递对客户的影响是截然不同的。

为什么销售员要使用激将法呢？是因为多数客户在决定是否要购买某件东西时，都会或多或少地犹豫一下，因为买错产品之后的代价可能不小，所以他们天然会在即将成交之际拖延时间，这时只有增加一点外力才能坚定他们的决心。

　　一位部门经理想要购买一台新式的I9处理器的计算机，不过因为预算受限，在和电脑销售人员沟通之后犹豫不决，哪怕销售员已经给了他最低的价格仍然下不定决心，因为部门经理生怕买了这么贵重的东西会遭到上司的批评。经过一段时间的沟通，销售员看出了这位经理的心思，就对他和颜悦色地说："说实话，像您这么年轻就当上部门经理的人，我目前为止只见到两位，一位是您，另一位是上个月过来的一位客户，他在我这配了一台苹果的垃圾桶电脑……"因为这款电脑价格不菲，而使用者地位却和自己相当，部门经理听了之后也认为销售员说的有道理，就狠狠心付了款。

　　激将法的优点在于，能够利用客户的自尊心，让对方无视一些现实性因素，采用感性的方式去选择自己可能并不特别需要的东西，客观上为销售人员减少障碍，获得一种变相的自我满足，这比销售人员使用其他技巧要节省时间和精力。

　　当然，激将法也存在着明显的缺点：第一不能选错人，第二不能选错时机。关于第一点我们前面已经说过，要选择有虚荣心的客户，不能选错时机，就是要准确掌握客户犹豫不决的那个关键点。换句话说就是客户对产品有意向却不能下定决心的时候，而不是在客户还没有表现出对产品的意向之前，这时采用激将法毫无意义，只能引起对方反感。

　　一般来说，销售员可以采用三种方式去"激怒"客户：

第一，正面刺激。

　　这种方法适合于那些脾气比较暴躁的客户，而且最好是和你关系比较熟的客户，简单说你会预估到他被激怒之后的大概反应，对那些比较陌生的客户需要慎用。比如，你对一个熟识的老客户说："这套设备人家XX已经决定要买了，咱们是老熟人了我也就不瞒你，谁先拿到货谁就赚钱，你这次可是亏大发了！"这种激将方式的核心在于让对方瞬间"暴怒"，觉得不买下这件东西就是保不住面子了。

第二，隐性刺激。

这种方式适合对不太熟悉的客户或者是女性客户使用，也就是用类似明褒暗贬的方式让对方感受到一种"威胁"，然后出于维护自身尊严的目的而购买产品。比如，你对一位刚认识的女性客户说："这条项链很多女士都很中意，她们也像您一样气质高雅、地位显赫，如果戴在身上就更显得雍容华贵了。"这种激将方式不会让对方保不住面子，但是会隐晦地告诉对方，如果不买会有什么样的后果。

第三种，引导刺激。

这种方式是你慢慢引导客户"发怒"，而不是通过一两句话实现的，因为你要引导到一个事先设定好的目标上。比如，你对客户说："其实这套家电性价比确实不太高，出于节约资金考虑，我认为您可以暂时作为后备选项，要不您看看别的？"于是客户就转向了相对便宜的一套家电，这时你又说："这款家电面向工薪阶层，性价比很高。"话说到这里，客户终于意识到自己已经被认定为"工薪阶层"了，而他心里的定位可能是"精英阶层"，你就成功地用另一套便宜的家电刺激了对方的自尊感，客户十有八九会决定购买更贵的那套。这种激将方式既需要销售人员去引导，也需要客户自己"幡然醒悟"，从表达方式来看更加隐晦，刺激的力度也更大。

所谓的金牌销售，通常都是能以各种灵活的话术去应对客户的人，他们既能说出暖人心扉的甜言蜜语，也能说出看透人心的知心话语，更能说出激怒对方的"挑衅之词"。俗语有云：请将不如激将。如果能够在销售的成交阶段恰当地使用激将法，不仅会收到积极的效果，还会变向满足客户的自尊心，让他们在付钱给你的同时还会感激你。

4. 引导客户说"是"

美国心理学家古德曾经提出过一个法则：人际交往之所以能够成功，是因为可以准确地把握他人的观点，这就要求你学会"善解人意"。这就是著名的古德定律。根据古德定律我们可以推导出一个法则：在和客户沟通的时候，要尽量引导对方说"是"，这样做的目的是让客户意识到销售员是善解人意并揣摩出了他们的真实想法，所以客户才会说"是"，而当一个人不断地对另一个人说"是"的时候，就会产生"对方说得真对"的心理暗示，这对营销工作的帮助显而易见。

那么，站在销售员的立场看，客户说出"是"意味着什么呢？首先，它意味着你的话术方向、营销手段是正确的，客户能够接受，只要再继续推进下去就有成功的可能。其次，它意味着客户愿意把真实的想法告诉给你，这代表着你们之间的信任程度加深了一层。最后，它意味着客户的购买欲望变得更强烈了，否则他们不会给你一个希望，只是你要满足他们对产品质量、售后或者价格等方面的需求而已。

既然一个"是"如此重要，销售员该怎样引导客户脱口而出呢？首先我们要知道，极少有客户在第一次被推销产品时，或者第一次偶遇某种产品时就打定主意购买，这是一种常态。因此，销售员要根据这个常态编写让客户说"是"的营销剧本。

第一，用真诚去打动客户。

虽然每个销售员都知道要礼貌对待客户，但不是所有人都真正参悟到了这一点，有的销售员认为对客户笑一笑，说几句恭维话，就算是对客户展示热情了。其实这只是表层次的热情，真正的热情是让客户觉得这份热情只属于他一个人。比如，我们接待一位客户之后，会问："能为你做点什么？"这个客户也许只是过来闲逛，就会随口说了一句"随便看看。"听起来有些扫兴，可我们仍然需要让对话进行下去，比如对客户说"这么热的天一定渴了吧，我们这有凉水。"客户很可能答应下来，接下来我们再给客户搬过去一把椅子，等到他把水喝了，坐的也稳了，再想拒绝你也就很难为情了。

第二，用信念"套牢"客户。

当你口才不是很强、观人学又不是非常精通的时候，不要灰心，你依然有可能让客户跟着你说"是"，因为你可以通过不懈的坚持一步步打消对方的戒备心理。当然，在最终目的达到前，客户很可能不会马上说"是"，而是"不"，但这没有关系，决定生意成败的在于最后几句话。有人认为，这种所谓的坚持是一种死脑筋，并无技巧可言，其实不然，那些顶级的销售人员都善于在客户的若干个"不"中频繁切换角度，分析客户拒绝的真正原因，换句话说，当客户对你说的"不"越多时，你就越容易接近"是"了。

打个比方，你问客户是否想要购买产品的时候，他的回答是否定的，接着你又问他是否可以和家人商量的时候，他的回答还是否定的，这时你又继续向他推荐购买产品之后的附加服务，他的回答还是否定的，进行到这里通常很多销售都会放弃了，可如果你能再多问一句。"也许资金是您需要考虑的问题，如果是分期付款的方式交易，您觉得可以吗？"很可能这一次客户的回答就是肯定的，因为客户在意的还是资金问题，却又不好意思直说，你通过不断地被否定终于试探出客户的难言之隐，最终换来了肯定的回答。

第三，用委婉的话术了解客户。

很多时候，与其费尽周折去揣摩客户的心理，不如直接询问，这样才能更接近客户心中的标准答案。当然，客户可能对你存在着一定的戒备心理，担心会被销售套路，所以这种询问一定要委婉，不能太过直白。比如，客户和你谈论产品和售后很久，可对方并没有付钱也没有离开，这时你不妨这样询问："也许您对我们的售后有些顾虑，其实您完全不必担心，只要在保修期之内我们一定会上门服务，就算过了保修期，您可以在购买产品时选择延保服务，请问您还有什么问题吗？"当客户处于纠结状态时，就要尝试找出最关键的纠结点，如果方向不对，那就委婉地提出一个问题，而不是直接询问"您有什么顾虑"，这样更容易让客户主动说出来。

第四，用准确的推测引导客户。

事实上，客户拒绝推销是因为对方完全不了解他的需求，就像我们经常接到的推销电话，有的人上来就问你是否需要汽车用品，而你可能没有车也没有购车计划，自然就会一口拒绝对方，这就是没有找准营销目标造成的。所以，想让客户接受你的推荐，一开口就要让对方知道你了解他的需求，这才有继续沟通的余地。比如，你是一个厨具的销售员，接待一位中老年妇女的时候，可以从唠家常开始，询问她是否有了第三代人，逢年过节家人是否会回来团聚等，这样就能引入到正题上——阖家团圆离不开厨具。在你的准确推测下，大妈也清楚地意识到了她的需求方向，本来并没有明确的购买意向，但是在你的"点醒"之下就产生了消费欲望，接下来你就可以向她推荐相应的产品了。

其实，客户没有一开始说"是"，并不代表着这一次交易无望了，而是客户自己也在整理思维，他们可能在忌惮着什么。这时，销售员就应该努力揣摩客户到底想要得到什么，只有扫清这一系列障碍，才有机会让客户说"是"。切记，客户的"是"不是等来的，而是被销售员一步步准确引导出来的，它不是靠你的幻想得到的，而是靠你的努力争取到的。

5. 最后一击要出手果断

美国保险巨头法兰克·毕吉尔在刚开始从事保险业的时候，业绩一帆风顺，然而过了一段时间他就遭遇了瓶颈，为了让业绩提升，他每天早出晚归地去跑业务，费尽口舌说服客户购买他的保险产品，有时候为了争取一单生意，常常要多次登门拜访，然而让他失望的是，这些努力并没有换来对等的回报。于是，毕吉尔开始思考自己为什么受挫，经过对销售记录的分析，他最后发现了一个让自己震惊的数据：在他一年卖出的保险业绩中，有70%是第一次见面成交的，还有23%是第二次见面成交的，而第三次见面成功的只有7%！讽刺的是，这7%的业绩让他消耗了几乎一半的时间。于是，毕吉尔采取了新的销售策略：果断放弃7%的利益，学会撩拨客户的欲望，果断出手让他们买单！

毕吉尔的经历给不少销售员提了一个醒：当你们还在琢磨着慢慢搞定客户、培养自己的耐性时，殊不知宝贵的时间和商机正在悄悄溜走，而你所获得的利益却远远抵不上它的真正价值，所以如何在关键时刻加快交易速度，对销售的业绩积累至关重要。

第一，提炼关键信息，强化感染力。

心理学家詹姆士说过："与人交谈时，若能做到思想放松、随随便便、没有顾虑、想到什么就说什么，那么谈话就能进行得相当热烈，气氛就会显得相当活跃。"很多销售员之所以和客户沟通了很长时间却没有效果，就是因为思想不够放松，逻辑混乱，传递出很多无用信息，导致客户对产品了解不够，自然难以下定决心。因此，简化与客户的信息交流就显得尤为重要，因为越精炼的东西才越有感染力。

中国著名政治家邹韬奋先生在上海各界公祭鲁迅的大会上讲了一句话："今天天色不早，我愿用一句话来纪念：许多人是不战而屈，鲁迅先生是战而不屈。"短短的几十个字就说出了鲁迅先生的精神特质，让人为之动容。作为销售员，也应当具有将复杂信息进行高度提炼的本事。举个例子，你想对客户讲述一个理财项目，为了让他们尽快下定决心，就要将该险种的"最大收益"浓缩为十几个字，比如"每年投入五千，重疾赔付五十万"或者"一人参保，全家受益"等。只有利用这样的表达，才能让客户更好地领会理财项目的亮点，因为提炼信息就是帮助客户无干扰地思考。

第二，切断客户的"还有思维"。

做销售时总会遇到一些犹豫不决的客户，对于这种客户，越是简短的介绍越容易让他们下定决心，因为说得复杂了就会夜长梦多，甚至你的无意之言也会对他造成干扰。要想尽快搞定对方，需要掌握一个窍门，那就是彻底切断客户的"还有思维"。

那么，什么是"还有思维"呢？你听听这几句话就知道了："还有时间的，下次再过来看""我还有机会考虑买不买的。"简单说，就是客户没有明确表示不买，也没有现场进行交易，这对销售员来说是最可怕的，因为客户说出"还有"之后往往就没有下文了，所以要趁着对方还没有完全否定购买的念头时拿下对方。

应对"还有思维"的也是简单的四个字："那么最后"。比如，你对客户说："那么我最后再向您介绍一下，我们这款产品下周就断货了，未来几个月之内很难补货……"或者说："那么最后请您考虑一下，晚买几天会给您带来多大的损失呢？"这种克制性的话术思维，就是用简短有力的信息去证明客户的犹豫会给自己带来损失，从而彻底打消客户犹豫不决的态度，让他意识到如果再不购买东西可能就被别人抢走了。

从心理学角度看，"还有"和"最后"是相互对立的两种意识：一个是盲目的乐观，认为事情不急于在今天解决；另一个是理性的悲观，认为明天的状况不会比今天更好。作为销售员必须让客户靠近"最后"这一端上，才能抓住宝贵的营销机会，消解客户的疑虑和幻想。

在日常生活中，我们总能看到商家打出这样的宣传标语："最后一天，跳楼价""最后一天，大甩卖"等，这就是利用"那么最后"思维的营销方式，让站在商场外面的客户尽快打定主意购买商品的策略。归根结底，人们普遍对"最后"这个词充满着恐惧感，难以承受它给自己带来的损失，由此会产生一种缺乏理智的冲动，对于那些原本无法决定的事立即打定了决心。

第三，绕开无用话题，突出营销重点。

想让客户尽快下定决心，就要注意在沟通时绕开无关内容，直击重点。打个比方，当你向客户介绍你们旅游团的卖点时，不要围绕无关话题展开，比如："我们一切手续正规、发票齐全、经营规范……"其实这些话往往不是大多数游客最为关注的，只能认为你们其他方面不行才避重就轻说些没用的，瞬间会对你失去兴趣，所以还是要把旅游团的亮点集中在"去哪玩""怎么玩""多少钱"等关键问题上，才容易让客户尽快拿定主意。

销售是以业绩论输赢的游戏，销售的目的就是为了成交，成交量上不去，销售员就没能体现自身的价值。所以，销售员必须要打开客户的心结，让对方尽快下定决心，一旦让对方发现自己的幻想——"别家可能卖得更好更便宜"破灭时，他只能选择相信你，就会在你的影响下快速做出决定。一个优秀的销售员要像诗人那样"惜字如金"，要学会用最简练的语言去打动最复杂的人心。

6. 让客户感觉获得实惠

在我们身边，总有些人在"双十一"的时候信誓旦旦地表示不会买一样东西，结果到了午夜时分还是把购物车的宝贝都结算了，于是大家亲切地称呼这些人为"剁手族"。虽然剁手族属于非理性的消费者，不过从心理学的角度看又是合乎人性的，这就是占便宜的心理。因为漫天都是打折促销的口号和拿到手软的优惠券，很多人觉得如果不买点就是吃大亏了。虽然听起来是贪婪的表现，却也符合人性的某些特征。

古时候有一家专门卖衣服和布匹的店铺，店铺有一件珍贵的貂皮大衣，售价是三百两银子，由于太贵一直没人买。一天，店里来了一个伙计，说他能在一天之内把大衣卖出去并让掌柜配合他：无论谁问这件大衣多少钱都说是五百两银子。很快，店里来了一位妇人，问大衣多少钱，伙计假装没听见，妇人就询问掌柜，掌柜说五百两。伙计假装没听见又问了一句，掌柜又喊了一声"五百两"，结果伙计憨厚地对妇人说是三百两，妇人以为伙计听错了，急忙付了钱然后快速离开了。

这个故事虽然有些夸张的成分，但对人性的剖析还是准确的，也许妇人对这件大衣的购买意愿并不强烈，但是在意识到自己可能捡了个大便宜的时候，就不再犹豫了，因为对她来说"便宜"稍纵即逝，不抓住就成全别人了。通过这个故事，销售员就可以利用人性的这种特点尽快促成交易。

从心理学的角度看，客户在消费时一个重要的心理诉求就是让自己获得满足感，而这个满足感的前提就是客户认为自己从消费该产品中获得价值和产品的实际价值相等甚至更高，而如果低于产品的实际价值就不愿意掏钱。自然，客户这种贪便宜的心理对销售而言就是商机所在，当你能让客户认为自己"赚大了"的时候，也就意味着你获得了成功。

那么，怎样才能让客户产生这种"意外收获"的满足感呢？通常有四种办法：

第一，巧妙利用打折。

打折是商家或者销售员采用降价或折扣的方式招揽客户的手段，那些常年打着"清仓处理""大甩卖"旗号的店铺，就是最鲜明的例子。或许有的销售员认为这是很老套的办法，然而人性在面对便宜的时候难免会智商下降，至少他们会走进去看看是否有自己需要的东西或者折扣的力度是否足够大，哪怕只具备其中一条都会产生购买的冲动。不过，在使用这种套路的时候，不要只标出一个高得离谱的原价，再标出一个低得让人流口水的折扣价，这样的效果并不突出，也会让客户觉得似曾相识，最好的办法是店内有的产品价格雷打不动，有的却大幅度降价，这样才能证明商家对产品是区别对待的，而不是专门下套来骗钱的，可信度会增加不少。

第二，巧妙利用赠品。

人人都希望花最少的钱买最多的东西，甚至有人会希望不花钱获得东西，这时候赠品的作用就显现出来。对于初次打交道的客户，为了和对方建立长久的合作关系，销售员可以给客户质量较高的赠品作为吸引，还可以承诺每购买一次产品都能获得相应的赠品，这样就直接抓住了客户的眼球。当然，赠品的价值不能过高影响成本收益，应该用有限的成本作用在精美的外观上，至少让客户看起来就能产生占有欲，如果制作得像2元店的产品就失去意义了。同样，如果是熟客，销售员可以不必过多关注赠品的"精美度"，而是在"稀缺度"上做文章，让客户觉得这种赠品只有老客户或者极个别人才能获得，让客户产生一种被区别对待的优越心理，这样就能延长你们之间的合作关系。

需要注意的是，有时候为了拉近与客户的私人关系，最好是将商家免费赠送的礼品当成是你个人名义赠送的，比如客户消费了2 000元，你"偷偷"地给对方消费2 000元才能获得的礼品，这样才能刺激客户的贪欲，让对方毫不犹豫地出手，还能把你当成是相对信任的销售，可谓一举多得。

第三，灵活利用积分。

积分分为两种形式，一种是客户必须攒够一定的积分点才能获得赠品，另一种是必须多次重复购买某件产品才能获得。最终的目的都是让客户发生持续性的消费行为。那么在使用这种套路时，要不断地引诱客户坚持下去，不要让对方半途而废。打个比方，商场规定积3 000分可以赠送一桶洗衣粉，那么过了一段时间后，不少客户的积分开始接近3 000分的时候，可以在洗衣粉之外增加一套清洗用具，这样就能给客户足够的吸引力，毕竟在竞争激烈的今天，想要引诱客户的商家很多，或许别人家500积分就能赠送和你1 000积分同样的东西，只有把客户牢牢地绑定在你的商场里才不至于前功尽弃。当然，这种增加积分诱惑的办法可能会增加一定的成本，所以商家或者销售在初始设定的时候，不要设得太高，避免造成额外开支。

第四，谨慎利用代金券。

代金券指的是客户通过它可以在购买某种产品时免付一定的金额，帮助客户节省开支。这个套路并没有什么新意，但是很多商家操作不当，要么拿着大把的代金券发送给路人而非客户，要么代金券的额度和产品的价格相差太多……这样一来，客户会觉得你赠送的代金券毫无诚意，完全是兑了水的，从侧面证明产品价格本来就虚高，怎么会有占便宜的感觉呢？所以，赠送的代金券一定要少而精，不能太多，又要有指定的赠送门槛，还能有一定的减免能力，这样客户才会觉得弥足珍贵。需要注意的是，在发送代金券的时候可以使用一些小技巧，比如在给客户赠送之前，故意打几个给上层的电话，询问是否可以赠送以及赠送多少，显出代金券的来之不易，再或者不要主动对客户提出有代金券，而是通过店面里的通告让客户自己发现，表现出不是很情愿赠送的样子，这样才能勾起客户的购买欲望。

"客户需要的不是便宜，而是占便宜的感觉。"这是销售界流传多年的箴言，既然是前辈们总结出来的经验，销售员就应当学以致用，不遗余力地刺激客户的人性弱点。这并非诓骗消费者，而是在洞悉人性特点的基础上使用的营销手段。因为对客户来说，他们想要获得实惠的心理得到了满足，自然就乐于付钱给销售员，这对双方来说就是共赢。

第九章

用战略赢得客户

1. 给讨价还价多留一些余地
2. 在交手过程中摸清对方的底牌
3. 绝不亮出自己的底牌
4. 听懂抱怨的弦外之音
5. 让客户感觉这是个机会
6. 让自己看起来很专业

1. 给讨价还价多留一些余地

讨价还价，几乎是每一个客户的下意识行为，也是让很多销售员为难的事情：如果降价，自己的利润空间就被压缩了；如果保持原价，客户很可能一扭头就走了。其实，讨价还价并不是什么可怕的事情，对客户来说，它是一种成就感的获得，也是人性的潜在需求。对销售员来说，如果不能满足客户的这种需求显然有些"不够人道"，所以应当给予客户砍价的空间、机会和暗示，这既是给客户的面子留有余地，也是给自己的业绩留有余地。当然，这个"余地"到底有多大，这是一个销售员需要掌握好的尺度，因为如果没有原则和底线，这个"余地"坑害的还是自己。

销售员在面对客户讨价还价时需要注意两个问题：第一，到底要满足客户多少次砍价？第二，到底满足客户多大幅度的砍价？如果把两个问题进行对比，我们可以发现第二个问题更重要，因为让利的幅度太大，你的利益会受损。

现在问题来了：让步幅度太大会损害销售员的利益，不让客户享受砍价的乐趣是不留余地，那么怎样才能知道客户能够接受的心理价位呢？其实，与其猜来猜去，不如开诚布公地问客户："我给您的已经是最低价格了，那么请问您的心理价位是多少呢？"通常对方听你这么一说，就会报出一个心理价位，不管这个价位有没有触碰你的底线，你都可以围绕它作出让步或者坚守底线。当然，有的客户不会透露自己的心理价位，这是因为他们没有处于一个开放的心理环境当中，也就是说对方认为你仅仅是在试探他的底线而不是真心要作出让步，所以会避而不谈。为了避免这种情况，销售员应当在询问对方的心理价位之前，表现出足够的诚意，让客户知道你确实想和他交易，只是不知道该如何平衡双方的利益。

既然讨价还价不可避免，那么在给产品定价时就不能太过刻板，也不能在第一次报价时就说"这已经是最低了"，这样客户就感受不到砍价的乐趣。因此，一个精明的销售员，应当要让客户保持在砍价中获得的快感却又占不到多大便宜。

第一，以真诚面对客户。

事实上，客户知道销售员是最了解产品成本价的人，他们能做的只是一步步试探这个价格。受制于这种信息不对称，销售员就要表现出诚意，不能让客户认为：我明明砍了不少，销售员怎么一副无动于衷的样子呢？难道是我只砍到了皮毛吗？一旦客户有了这种想法，他们就会感到恐慌，会认为自己可能正在被销售员捉弄，丧失参与砍价游戏的兴趣。正确的做法是，一边和客户砍价，一边告诉客户最近的商业行情：产品为什么涨价或者降价，为什么同样的商品在不同的店面标价不同……这样客户才会觉得这场游戏还存在着基本的公平性，他们会乐于参与，也会渐渐给予你信任。

第二，"我真是不赚钱"。

这句话听起来有些装可怜的意思，其实它的作用很大，可以表达两个信息：一是你这样砍价已经触碰到我的底线，再砍下去我就要退出"游戏"了；二是商品的利润空间没有你想象得那么大，如果你想继续砍价，起码也要换个更贵的。对于第一种含义，可以适当阻止或者减缓客户咄咄逼人的态势，而第二种含义，可以变相地为客户推荐价格更高的产品。如果面对的是熟客，销售员操着可怜的口气告知对方，很少会有人继续砍价，就算是本性贪婪的人，通常也会见好就收。

第三，给客户推荐便宜货。

如果客户沉迷在砍价的乐趣中无法自拔，而你的盈利空间也被压缩到极限，这时候直接拒绝对方是有伤和气的，所以最好的办法是推荐给客户价格更便宜的产品，这样既能够帮你解围，也将了客户一军：你那么在意价格，那就买更便宜的吧。听到这一类话，客户通常会见好就收，因为他们知道砍价砍到了极限，再玩下去就没有诚意了，同时也会犯嘀咕：我真的是因为消费不起才砍价的吗？如果对方十分爱惜面子，很可能会拒绝便宜货，直接掏钱买下刚才砍价的商品。

第四，指出产品的价值。

有时候客户喜欢砍价，是因为他们觉得产品的价格和价值不够匹配，不想高价买个低档货，这才是他们真实的想法。那么，当销售员意识到这一点时，可以在客户砍价的时候这样说："我知道这款产品价格确实不低，不过您可以想想，为什么我们会定在这个价位上，因为这里面包含了设计师的心血，包含了海关的关税，包含了品牌价值，还包含了最一流的售后服务……选择我们产品的人，用并不是很多的钱买走这么多有价值的东西，怎么看都是比我们还要精明吧？我相信您也是一样。"当你这样和客户沟通时，对方也会在不知不觉中认同价格，即便不认同，由于你把对方捧到了一个高位上，也会停止砍价。

讨价还价不仅是一种经济行为，更是一种社交行为，只有给双方留有余地，才是真正读懂了销售的真谛。从某种程度上讲，销售员真正卖给客户的不是商品，而是在消费过程中获得的"成就感"，这正是大多数客户都想获得的一种体验。

2. 在交手过程中摸清对方的底牌

很多销售员最头疼的就是和客户"过招",因为有的客户十分狡猾,知道你想要套出他的话,所以故意藏着掖着,而有些客户则是不善表达,并不想对你隐瞒什么,而你却无法探知他的底细……一来二去,不少销售员被弄得焦头烂额,要么直接向客户发问,要么彻底放弃。其实和客户过招也是销售员必须修炼的技能,大可不必将它看成是洪水猛兽。

客户的底牌有时候的确难以摸透,但是我们可以通过侧面询问的方法一点点去探知,这就相当于我们手中有一张"藏宝图",可以按照图纸上的标注逐步推进,最终找到"宝藏"。

销售员和客户之间的交流,本质上是一种博弈关系。过招的时候,如果你只会正面硬扛,往往不会达到预期的目的,而侧面试探才能摸清对方的底牌,它能带给你三种好处:

第一,试探性地给对方戴高帽。

摸清客户的底牌是一种带有风险的行为,稍有不慎就可能会触及对方的"逆鳞",所以在试探的过程中,最好给客户顺势戴上一顶"高帽子",这样即便有措辞不当之处,对方也容易原谅你,而你则能更进一步了解客户的心思。

打个比方,你和客户谈论产品的使用价值时,对方认为价值低于价格,如果直白地说:"您这么想是不对的,我们产品的价值远高于价格,您用一用就知道了。"虽然听起来比较客气,但是并没有打消客户"买或者不买"的疑虑,也无法得知他的真实诉求。所以,比较合理的表达方式是:"您的担心是合情合理的,我们的产品毕竟上市不到一年的时间,确实没有太多的事例证明,但是它的价值也恰恰在于用户敢于打破常规,您比别人先使用一天,就超前时代一步,您想错过这样千载难逢的机会吗?"这样的试探性询问,既让客户消除了顾虑,还委婉地恭维了他,同时也给予对方足够的尊重感和信任感,客户很难拒绝,那么接下来再多沟通一下,成交的概率就提升了。

客户对产品价值心存疑虑,但是这个疑虑有多大,销售员并不知道,也没必要直接否定,不如先列举出一连串的好处,把问题交给客户去选择,如果他拒绝就意味着是一个跟不上时代的人,这就是用高帽子去"捧杀"对方,逼得客户必须亮出自己的底牌,即真实想法。所以,这种试探性的过招看似是在询问,其实在你说明原因之后就给出了答案,同时也巧妙地避开敏感话题,让客户和销售员在彼此信任的氛围中沟通。

第二,带客户进入情景。

在销售员和客户过招时,尽管你会万分小心,可还是难免哪一句话说得不合适,给交易带来了麻烦,特别是那些比较挑剔或者心思敏感的客户,为此丢掉的可能不只是一单生意,而是客户对你的评价。

如果你是一位保险推销员,想要向客户推荐一款保险产品,但是你根本不知道对方是否有这个需求,如果直接询问"您是否想投保一份健康险,以免发生意外?"这样听着让人很不舒服,所以不如把客户带入到相对应的消费情景中:"请问您最近在做什么投资吗?"这句话试探性很强,客户可能会不解地回答:"我只是买了点股票。"那么接下来你可以说:"现在很多人和您一样购买股票,这种让财富增值的行为值得肯定,不过风险和收益并不尽如人意,这是因为大家忽视了更重要的投资——对您身体健康的投资,既有保障，收益又很可观，您不想了解一下吗？"这样一来，客户还在想着投资和股票的事情时，你却把话头不显山不露水地转移到正题上，有了这种消费情景，客户会下意识地考虑自己是否需要这款产品，那么他的态度是坚决的还是犹豫的，是想要了解的还是完全排斥的，这些表现就会暴露出他的底牌——他的真实态度，有了这些信息作为参考，你就该知道如何进行下一步营销了。

第三，走情感路线。

和客户过招，其实最忌讳的就是从正面"冲锋"，这不仅会让客户本能地提高警惕，也会让对方认为你过于直接，一切都向钱看，这对你的销售工作有害无益，对方更会护住自己的底牌。与其被人怀疑，还不如打打感情牌，以温和的方式去探知客户的真实想法，效果往往更好。

打个比方，当你向客户推荐一款价格较为昂贵的产品时，你看出客户有购买的意图，但可能因为囊中羞涩下不了决心，这时候可以试探性地问："看得出您对我们的产品还是很有兴趣的，当然我也知道这个价格不便宜，毕竟成本较高，现在经济不景气，大家都没有那么多闲钱去高消费，所以分期付款这种方式很流行，您要不要尝试一下，让自己的资金更自由一些呢？"这样的询问就从"买或者不买"转移到了"想不想让资金更自由一些"的问题上，绕开了让客户尴尬的话题，如果他对你转移的话题感兴趣，这就说明你之前的猜测是正确的，也就知道下一步该怎么办了。

人们常说"恶语如刀"，在销售员和客户过招时，虽然有时候氛围是"剑拔弩张"的，但是销售员的话术却不能直接将其反映出来，而是要采取迂回、婉转、变通的方式，正所谓以柔克刚，这比硬碰硬的成功率更高，不仅能够试探出客户的真实想法，也能提高成功的概率。记住，摸清客户的底牌是赢得比赛的关键。

3. 绝不亮出自己的底牌

每个企业都有属于自己的商业秘密，有些属于"公开的秘密"，即有经验的消费者知道其中的猫腻，比如品牌溢价、市场公开的成本等，当然也有一些秘密属于纯粹的商业机密，比如独家配方的实际造价、知识产权等。对于销售员来说，这些最高商业机密就是手中的底牌，是不能被客户知道的，哪怕客户是你最熟悉的老客户，因为底牌泄露之后，你也就失去了议价能力，如果被竞争对手得知，那对于品牌的生存和发展是非常具有威胁性的。

很多时候，销售员和客户（尤其是大客户）议价时，前期的很多接触都是为了了解对方的底牌，有经验的对手很可能通过你的三言两语就发现端倪，而这时候你已经输了。即便与客户建立了战略合作关系，最高商业机密仍然不能作为可以共享的信息，当你们还存在着事实上的博弈关系时，底牌就是你的最后底线，也是最后一根救命稻草。

客观地讲，销售员与客户天生就是矛盾体，无论你与客户多么熟悉，对方都永远想要更低的价格。同理，你也不会因为与客户的私交很好就能无偿地降低自己的利润空间，这就是双方产生博弈关系的根本矛盾点。从这个角度看，底牌营销是一种非常重要的博弈手段。那么，怎样合理地使用它就显得尤为重要。

第一，正确地和客户讨价还价。

一般来说，"底牌营销"指的是交易尚没有达成之前，这时候使用效果最为突出。除了个别的客户之外，大多数客户在这个阶段的试探无非是想要弄清你的成交底线在哪里，以便在他们能接受的范围内得到想要的产品。那么，在这个阶段使用底牌营销要注意：不能一上来就暴露出底牌，要让客户无法察觉它的真实区间，就是不能在客户刚一砍价时就让步，这会让对方觉得价格注水非常严重，有可能会让他们丧失购买的意愿，因为他们会由此认为"水太深"，进而意识到产品的价值和价格严重脱离。相反，如果销售员显得"不近人情"，不轻易做出让步，这会让客户觉得产品物有所值，会继续保持购买的意愿。

第二，推荐产品时亮出"伪底牌"。

所谓的"伪底牌"，并非欺骗客户，而是在底牌之上稍加一些利润空间的伪装，让客户感觉到正在接近你的底线。这个招数往往是在介绍产品的功能时使用，因为当客户对产品提出问题时，你一边介绍一边亮出"伪底牌"，意味着你也有强烈的成交意愿，同时也是在侧面向客户说明：它之所以有这样的定价和它的功能是分不开的。而且，在客户了解产品的卖点之后，他们会倾向于认同"伪底牌"的价格，当然为了减少付出，他们还是会和销售砍价，不过这时候底气就不那么足了。销售员也可以适当让利一点，切忌"一毛不拔"，因为有些客户会趁此机会考量你对他们是否有诚意，而如果毫不退让会显得你唯利是图、不近人情，毕竟这个阶段客户的购买意愿会更明显，自然也想要得到对等的回应。

第三，交易完成后"包装"底牌。

通常在交易达成后，特别是和大客户签订订单以后，有心机的客户会借着闲聊天的契机再次试探你的底牌，这是因为他们想要确信自己没有"上当"，也是为了日后再次合作的时候掌握更多的议价信息。遇到这种情况，有些销售员因为精神放松或者想要拉拢客户，会不自觉地透露出底牌，这是非常危险的：一来很可能让客户觉得自己被忽悠了，二来会为下一次合作埋下隐患。但是，如果销售员绝口不谈，又显得不近人情，还会让客户加重猜疑：我是不是给的价格太高了？因此，最稳妥的办法还是对客户表示："这个价格已经是成本价了，我也是为了这个月冲一冲销量，否则年终奖都成问题了。"虽然这种表达客户未必会完全相信，但多少能减弱他们试探底牌的兴趣。

当然，任何一种营销手段都不是完美的，拿"底牌营销"来说，它既有优点也存在着缺点：优点在于你可以用"底牌"作为吸引客户购买产品的关键点，因为当对方发现价格探底时会有一种"机不可失时不再来"的感觉，会增加他们的购买意愿；缺点在于当你释放出"伪底牌"的时候，因为已经接近了真相，容易让有经验的客户筛选信息获得正确答案，而且这种招数不宜频繁使用，让你的利润空间被压缩。

总之，在你决定使用底牌营销之前，你要做好全方位的预案，尤其是对客户购买意愿要作出正确的判断，不要被经验主义和教条主义干扰，这样才能保证你掌握主动权。

4. 听懂抱怨的弦外之音

作为销售员，恐怕最不愿意听到的就是客户的抱怨，因为这是在传递一种负面信息——客户对产品不满意或者对销售人员不满意，如果再多抱怨几句，交易可能就要告吹了。当然，销售员的这种担心也是合情合理的，不过凡事都要从正反两个方面来看：客户的抱怨意味着对产品或者服务不满，这是负面信息，但是如果你能认真分析，还是可以从中找到有价值的信息。

客户为什么抱怨？产品是否真的存在某些问题？如果把这些问题改正了是否会提高销量呢？如果能解决这些问题，那么客户的抱怨就会化成销售业绩。因此，当客户的抱怨可能像潮水一样来袭时，不要急着给自己辩解，也不要一味地退让，而是应当理性分析，先准确剖析客户抱怨的原因。

一个优秀的销售员，往往能够在客户发出抱怨前就做到心中有数，这是基于对客户性格、思维方式以及消费习惯的了解，它可以从源头上避免抱怨的产生。比如，你的客户是一个整天加班的IT精英，性格内敛且有些狂傲，在接待对方的时候就要从语言和产品推荐上锁定对方可能存在的需求。比如对方想要一台笔记本电脑，你可以推荐键程较长、打字舒服的机型，这样方便写代码，这种精准的分析和定位，在客户发出抱怨之前就能将矛头扼杀在摇篮之中。

关于抱怨也有一个有趣的"二八法则"：如果只能提供给你20%业绩的客户在抱怨，那么就不要拿出过多精力去安抚他们，更不能为了这区区20%而得罪了另外的80%。反之，如果是给你带来80%业绩的客户在抱怨，那么你就要集中精神从中找出共同抱怨话题，尽快解决问题，否则会造成巨大的损失。

抱怨并不可怕，可怕的是面对抱怨时的措手不及或者置之不理，前者是缺乏经验的表现，后者是不够敬业的表现。如果能够处理得当，抱怨也会从负面事件转化为新的业绩。

被誉为"经营之神"的松下幸之助认为，对客户的抱怨不仅不能厌烦，还要表示欢迎，为此他告诉部下：客户上门投诉就是对企业存在错误的纠正，如果对方不投诉，那么企业就会永远以恶劣的形象留在他们的印象中，因此对待抱怨的客户要耐心和礼貌，让他们获得如愿以偿的感觉。有一次，一位大学教授写信给松下幸之助，说他们学校的电子研究所购买的松下公司产品经常出现故障。松下幸之助得知情况后，马上让生产该产品的部门最高负责人去教授所在的学校了解情况，经过工作人员的安抚和处理，研究所的人员终于消了气，还愿意为松下推荐新的客户。

只有站在客户的立场上去体验客户的抱怨，才能真正理解客户抱怨的重要性，才能找到合理的解决方案，如果一味地敷衍客户，并不会真正解决问题。

换个角度看，喜欢抱怨的客户更容易促进销售人员成长，也有利于产品的不断完善。如果客户将抱怨的情绪压抑在心里，就会转化为更加不利的结果——问题没有解决，新的客户依然会抱怨，产品的负面形象得到固化。

通常，客户的抱怨分为两种：一种是群体性的抱怨，这是很多销售员都会注意到的问题，因为人数太多，影响较大，你不作出改变是不行的；一种就是个体性的抱怨，也就是少数的客户，甚至只有一个客户抱怨，这会让销售员产生错觉——一个人抱怨是他自己的问题，我可以不管。殊不知，一个客户抱怨并不真的代表这个人很"矫情"，很可能是其他人也有抱怨的情绪，只有他说出来而已，所以忽略这个问题可能带来意想不到的恶果。

想要理解并化解客户的抱怨，销售员就要学会站在对方的角度思考问题。打个比方，有销售员认为客户因为交货期限晚了几天就投诉自己，完全是小题大做，殊不知，销售员眼中"无足轻重"的几天，可能会影响到客户的工作流程，如果你不关心对方的利益，客户也会把你的消极处理方式告诉给其他人，从而对你造成长久的负面影响，到那时再想搞危机公关就要付出很大的代价。

有些销售员被客户抱怨时，总是想息事宁人，其实这是很愚蠢的行为，因为客户可能会采取更激进的方法来表示自己的不满，正确的做法是让客户感受到你是在认真解决他的问题。这需要你通过一些具体行为来表达，比如给自己的上级打电话、给客户临时安排换货、记下客户的详细联系方式等，这样客户才会心里踏实。只要排除客户是无理取闹的特殊情况，身为销售员就有义务消灭客户心中的怒火。

　　同理，当客户的怒火消除后，销售员也不要以为事情解决了，要找机会和客户聊聊，摸清他们抱怨的产生过程以及心理动态，这样既能了解产品和服务的某些不足，又能窥探到客户在遭遇这类情况后的反应，等到下一次发生类似情况时，销售员就能提前作出预判，不等客户找上门来就能处理好问题，给客户满意的购物和服务体验。

　　有时候，为了消解客户的抱怨，销售员要在经济上适当作出一些赔偿，这时千万不要做铁公鸡，因为舍不得赔偿金，你会以其他形式蒙受更严重的损失。而且，销售员不要高估自己的口才，认为凭着三寸不烂之舌就能让客户的愤怒烟消云散——很多时候不拿出票子对方是不会善罢甘休的。

　　客户的抱怨确实对销售员有一定的危害，它能够让客户产生较大的心理波动，导致他们在认知层面和情感层面和销售员保持对抗状态。而且一个客户的抱怨也许会扩散到其他人身上，影响品牌形象和销售人员的个人口碑，因此对客户的抱怨不能掉以轻心，有时候甚至需要牺牲一部分利益去安抚客户，这并不是自损，而是以牺牲小利获得大利的明智之举。

5. 让客户感觉这是个机会

或许有一些销售员认为，卖货真的是一件很困难的事情，面对客户时总要低声下气，好像在求着对方买一样，如果市场永远是供小于求，那该是多么幸福的事情！从目前市场经济的发展状况来看，大多数市场可能面临的都是供大于求的情况，所以多数销售员还是要绞尽脑汁采取一些策略去诱导客户消费。既然如此，我们为何不主动营造一种"供小于求"的状况呢？

有人会觉得这是不可能的事情：成堆的货物明明摆在那里，客户怎么会认为供小于求呢？其实，我们需要制造的不是产品的假象，而是心理的假象。

心理学家卡尼曼提出过一个"损失厌恶"的理论，是指人们在面临获得时总是小心翼翼的，不会轻易冒险，而在面对损失的时候会容易冒险。换句话说，人们对损失和获得的感知程度不同，在面临损失时痛苦的感觉远大于获得时的快乐感。如果商品没有被打折，那么大多数人是不会有任何感觉的，可如果一旦宣告库存不足，那么人们就会产生一种遭受损失的痛心之感。

有学者认为，人类购买的冲动是一种本能。在原始社会，人们为了生存会将一切可能有用的东西带回家，即便暂时用不上也会囤积起来，这是为了以备不时之需，因为人们的潜意识认为，一旦错过就可能不会再次遇到同样的东西。虽然在进入工业社会之后，物质丰富，但人们的焦虑感依然存在，我们依然会担心某一天会用到某一样东西而身边却没有。于是，一个新的概念被引出来——稀缺感。

1975年，社会心理学家沃切尔做过一个实验，他和助手从罐子里拿出一块巧克力小甜饼分给在场的参与者，让他们品尝和评价，其中有一半人面前的罐子里有10块小甜饼，另外一半人的罐子里只有2块小甜饼。那么实验结果如何呢？罐子里只有2块小甜饼的参与者们给出了更高的评价，因为供应量少，让他们吃完之后还意犹未尽，也就给予了最高的评价，这就是稀缺效应。

当客户走在商场里，看到50%折扣的标签时，这种弥补稀缺感的冲动就被唤醒了，人们担心如果自己不买就会被人买走，而且这个优惠的价格只可能出现这一次，等到下一次就不知道是猴年马月了。作为销售员，应当利用人类的这种认知特点，让客户认为你推荐的产品很快就会"消失"，所以你要营造一种供不应求的假象，这种营销行为也被叫作饥饿营销。比如苹果每次有新品发布的时候，几乎都会出现缺货、产能不足等局面，这不仅不会浇灭人们的购买欲望，反而会激发起大家对苹果产品的占有欲望。就连肯德基、麦当劳这样的快餐业，也会推出一些所谓限量的纪念礼物套餐，结果引起儿童的疯狂抢购，而百事可乐和可口可乐也会推出一些纪念罐，让很多粉丝纷纷收藏……当商家使出这种套路时，很多消费者已经丧失了基本的理性思考能力，而是凭借一股冲动去抢购商品。

构建营销中的稀缺感，就是让顾客认为"错过这次就是永远错过了"。当客户来到你的店里正准备选购的时候，如果你告诉对方马上要打烊了，那么客户的情绪会发生什么变化呢？他们的本能反应不会是直接走开，而是想要在很短的时间内好好浏览一下柜台，看看是否有自己想要的产品。

有一个叫理查德的人，是一个二手车销售员，每次卖车的时候，他都会把想要看车的人约在相同的时间和地点，这样做是为了营造一种竞争的气氛。通常，第一个到达的人会按照标准程序检查车子，试图找出一些问题然后压价，不过当第二个人到来之后情况就不同了，理查德会告诉那个人："对不起，他比你先到，能不能等几分钟，让他看完了再说，如果他不买我会让你看的。"结果，第一个来看车的人就没有闲心继续挑毛病了，因为他知道如果自己不尽快决定就会被第二个人将车抢走。当第三个人来看车时，第二个人又会感受到莫大的压力，所以三个人当中总会有一个人尽快下定决心买车，这就是利用稀缺效应让用户竞争购买的成功案例。

销售人员想要利用稀缺感搞定客户，需要在四个方面进行加强：

第一，提高购买门槛。

当客户来到你面前时，你要向对方传递一个信息：这个产品是限量的，不是谁掏钱都可以购买的。如果客户是熟客，就声称"只有老客户才有购买资格"或者"累积消费多少才可以购买"；如果是新客户，可以说"新客户才有优惠权限"或者"您是第100名顾客所以有权购买"，总之就是让客户意识到自己的是幸运的。

第二，为产品制造神秘感。

对于你想推荐的产品，不要摆在明显的位置上，或者可以不要贴上价签，这样当你向客户介绍的时候，对方就会对其产生浓厚的兴趣，并主观地认为这款产品确实和其他的不同，接下来你就可以说这款产品是通过特殊渠道进来的、数量有限等，让客户认为在其他店里很难买到。

第三，打造独特性。

稀缺效应毕竟是人类潜在的一种心理特征，并非见到什么东西都想囤积，如果真是这样超市早就被搬空了，所以你应当给自己的产品增加一些独特性，让客户认为它独一无二，比如你可以告诉客户：该产品在设计上或者某项功能上反常规，和同类的主流产品有很大不同，而这样做的目的是XXX……借用这种话术，客户会觉得独特性不是吹出来的，就会产生了解和购买的欲望。

第四，宣传造势。

无论是肯德基还是百事可乐，他们都在宣传推广方面下了血本，在让消费者掏钱之前先是吊足了胃口，这是需要一定的成本投入的。同样，销售员想让产品有稀缺感，也要在广告投放上花费一点心思，比如悬挂相关的推销标语，或者对某个柜台进行精心的装饰等，总之尽量不要只靠一张嘴去说服客户，需要多方面的宣传配合。

人性的弱点往往就是销售人员打开僵局的爆点，客户最在意什么，我们就触动什么，这样才能让对方被你一步步导向最终目标：产品。当一个销售员熟练掌握这些技巧之后，哪怕是面对陌生的客户也能游刃有余。

6. 让自己看起来很专业

销售的成功是建立在信任的基础上，缺少信任，客户就会怀疑你推荐的产品；缺少信任，客户就不愿意表达出真实的想法。当然，建立信任的方式有很多，有人通过天生的亲和力，有人通过错综复杂的人脉关系，不过有一种方式是通用的，那就是让你看起来很专业。

那么，销售的专业为何能让客户取得信任呢？

第一，真正了解产品。

一个对产品了解的人，才能知道客户是否能成为最匹配的使用者和拥有者，才能正确指导客户如何使用，而不是盲目地给客户推荐他们根本不需要或者不适用的产品，保证产品自身的价值不被误解，这就是对产品的负责。

第二，真正了解客户。

对客户了解的人，才能知道客户的需求是什么，才能从客户的应用场景出发，为他们量身选定最适合的产品，不辜负客户的期待，不浪费客户一分钱，带给客户最优质的购物体验，这就是对客户负责。

第三，真正了解市场。

专业的销售员了解市场的变化方向，懂得如何帮助商家考虑产品的营销方向，也能为客户提出最有预见性的建议，同样能为产品找到最适合的营销方式。

那么，怎样才能建立专业感呢？

第一，适当而准确地说出专业术语。

这是一个比较难以把握的技术，因为很多客户是门外汉，当他们听到专业术语之后，大多数人并不会因此敬佩销售人员，反而会觉得是在故意卖弄或者有意隐瞒。特别是一些有社会地位的客户，他们对专业领域之外的东西并不了解，所以一旦销售员表现出了"这个领域我比你懂"的态度之后，客户就会对销售员产生本能的戒备心。因此，适当使用专业术语才是正确的思路。那么如何来把握呢？一方面，这个术语不要用在关键问题上，也就是说去掉专业词汇也不影响客户去理解，否则会让对方误解你在要什么鬼心眼；另一方面，这个术语的使用间隔一定要长一些，比如在一段说明当中插入一个，然后再进行解释，这样才显得自然不突兀。

第二，能够提出具体化的问题。

不少销售员见到客户之后往往会这样开口：请问您有什么需求吗？您的想法是什么？尽管听起来十分客气，却没有击中客户的"要害"，让客户觉得你是在敷衍自己，并没有设身处地为他着想。打个比方，你销售的是防潮材料，可以直接问客户："请问您家的吊顶天花板是否防潮呢？"这样就把问题具体化了，即便问得不对，客户也认为你跟着他一起进入了沟通的情境中，就愿意和你交流了。

第三，善于分享经验。

作为销售员免不了要向客户介绍自己，除了一般的姓名和职位之外，还要介绍自己的从业经验，这是客户十分看重的，它代表着你进入该行业的时间，虽然不能等同于学历和能力，但是往往能给客户带来一种安全感，比如你为哪些品牌做过销售，在哪些企业做过等，就如同人们对"老中医"的信任感，能够快速地把客户留在身边。

第四，不必刻意谦虚。

有些销售员喜欢让自己更朴实一些，所以在客户面前喜欢保持谦虚，甚至当客户夸奖自己的时候也会极力推脱。这样看起来是沿袭了中国人自谦的传统，但如果表现得过多，就容易让客户起疑心：这个销售员是不是经验不足才这么说的？一旦对方产生这种想法，就会带着怀疑的目光审视你，那么你的一言一行都可能成为经验不足的证据，这让客户如何再相信你的专业性呢？所以，面对客户时还是要保持不卑不亢的态度，对方如果夸奖自己，也可以合理接受，太过谦虚就显得虚假了。

第五，学会讲案例。

有些销售员自身的专业水准很高，但是他们很难把这种优势展现给客户，虽然滔滔不绝地说了半天，但是客户却听得云里雾里，这就是缺少案例的辅助。案例是专业人士和非专业人士沟通的桥梁，很多大师在讲述深刻的道理时都会用简单的小故事去表述，这就是案例的意义所在。尤其是对客户来说，越接近他们生活经验的案例，越容易引起对方的共鸣。而且，当你能熟练地用案例为客户答疑解惑时，客户也会认为你是真的吃透了专业知识，自然就会产生信任感。

第六，有礼貌的服务态度。

有些销售员不太注意细节，在客户讲话的时候插嘴，或者在客户提问之后没有马上回答，而是兜个圈子，这些行为都会让客户觉得不适，进而认为你是专业水平不足才这样做的。或者在表达问题上采用了过于直白的言辞，这些虽然无伤大雅，但都可能破坏沟通气氛，让客户认为你修炼不够，从而放弃购买的意愿。因此不妨从小事开始着手，练习过硬的基本素质，这些虽然和专业技能无关，却和敬业紧密相连，也能决定对方是否愿意对你给予信任。

第七，尽可能多地引用数据。

案例是专业和非专业人士的沟通桥梁，同理，某些关于产品的数据也是，当你用专业性词汇去描述一个产品或者产品功能时，客户很难直接了解，这时如果用数据去描述就会直观很多。比如酒店的房门安装，如果质量不过关，将会有30%左右的房门出现问题，而造成的损失将超过百万，用这种给客户算账的方式最能打动人心，也能让对方相信你的专业分析是有理有据的。

销售员的专业性，除了要在进入销售岗位之前学习之外，还要在实操中逐步积累，从内修开始，强化综合素质和专业技能，并懂得如何将这些知识和经验深入浅出地表达给客户，这样才能完整地呈现出一种专业感，而这正是每一个客户所需要的。